CAÇA
PALAVRAS

nível **fácil**

Copyright © 2019 by Ediouro Publicações de Passatempos e Multimídia Ltda.

Todas as marcas contidas nesta publicação bem como os direitos autorais incidentes são reservados e protegidos pelas Leis 9.279/96 e 9.610/98. É proibida a reprodução total ou parcial, por quaisquer meios, sem autorização prévia, por escrito, da editora.

DIRETORIA: Jorge Carneiro e Rogério Ventura; **Diretora Editorial:** Daniele Cajueiro; **REDAÇÃO: Coordenadora Editorial:** Eliana Rinaldi; **Equipe Editorial:** Adriana Cruz, Daniela Mesquita, Débora Justiniano, Islaine Lemos, Jefferson Peres, Lívia Barbosa e Maria Flavia dos Reis; **ARTE:** Adriana Torres, Camila Cortez, Franconero Eleutério e Larissa Carvalho; **Edição e Tratamento de Imagem:** Luciano Urbano; **Diagramação:** Evandro Matoso e Maria Clara Rodrigues; **Produção Gráfica:** Jorge Silva; **Tecnologia da Informação:** Márcio Marques; **Marketing:** Everson Chaves (gerente), Cássia Nascimento, Juliana Ferreira, Kimberlly Moraes e Sophia Portes; **Assessoria de Imprensa:** Andressa Camargo e Nathália Barbosa; **Controle:** William Cardoso; **Circulação:** Luciana Pereira, Sara Martins e Wagner Cabral; **EDIOURO PUBLICAÇÕES DE PASSATEMPOS E MULTIMÍDIA LTDA.** Rua Candelária, 60 — 7º andar — Centro — CEP 20091-020 — Rio de Janeiro — RJ. Tel.: (0XX21) 3882-8200.

www.coquetel.com.br

CAÇA PALAVRAS

nível fácil

conteúdo

76	Caça-palavra	**3**	Torto
5	Numerox	**2**	Coqueteste
4	Criptocruzada	**2**	Criptograma
4	Dominox	**2**	Duplex
4	Problema de Lógica	**2**	Gêmeos
3	Dominox Temático	**1**	Dominox Lógico
3	Cruzadox	**1**	Jogo da Memória
3	Jogo dos Erros		

4 caça-palavra

Procure e marque, no diagrama de letras, as palavras em destaque no texto.

A neve

Esse fenômeno **METEOROLÓGICO** acontece no **INVERNO**, principalmente nos países do **HEMISFÉRIO** Norte e naqueles próximos aos polos.

A neve ocorre quando as **NUVENS** atingem uma temperatura inferior a 0°C. O **VAPOR** de água contido nelas se **CONDENSA** e forma **CRISTAIS** de gelo.

Existem sete tipos de neve: **FLOCO** de neve, **GRÃO** de neve, grão de gelo, **GRAUPEL**, que é uma **PARTÍCULA** pesada de neve, **GRANIZO**, chuva congelada e **AGUANEVE**, que cai no solo com aparência cristalizada.

O Brasil, apesar de ser um país **TROPICAL**, tem regiões **ELEVADAS** em alguns estados em que há **OCORRÊNCIA** de neve durante o inverno, sobretudo no Rio Grande de Sul e em Santa Catarina.

I	X	E	V	E	N	A	U	G	A
I	W	N	Q	D	B	D	Ã	Ç	F
Z	Z	A	O	O	E	S	I	L	W
D	L	R	O	V	F	X	O	Y	W
Ç	Ã	Ã	Q	L	I	C	U	M	L
X	H	J	N	Ã	O	D	P	C	F
A	N	C	R	I	S	T	A	I	S
S	L	A	C	I	P	O	R	T	Ç
N	I	S	O	U	V	G	T	V	O
E	U	P	C	Ö	S	Q	A	R	C
D	Q	F	O	T	J	P	G	C	I
N	P	Y	R	Y	O	Q	R	Z	G
O	A	B	R	R	Ç	Q	L	T	O
C	R	N	E	O	P	I	W	T	L
G	T	K	N	A	J	N	Ç	J	O
E	I	Z	C	N	H	V	H	G	R
P	C	R	I	U	P	E	Y	M	O
G	U	X	A	V	I	R	X	X	E
O	L	P	G	E	J	N	F	E	T
I	A	K	X	N	D	O	B	Ç	E
R	O	Ã	L	S	I	P	T	Z	M
E	E	L	E	V	A	D	A	S	S
F	U	E	P	N	P	X	B	G	G
S	Ö	K	U	Y	G	H	H	R	K
I	Ç	Q	A	R	D	F	Ã	O	K
M	Q	M	R	V	T	O	C	G	O
E	R	J	G	D	M	W	M	J	Q
H	O	Z	I	N	A	R	G	W	V
H	L	X	Ö	M	Ç	W	C	P	W

caça-palavra

Polícias

Em 21 de abril, comemora-se o dia dos ~~POLICIAIS~~ civil e militar. Embora sejam forças do Estado, cada qual tem **AFAZERES** distintos. Veja as atribuições de ambas as polícias.

Polícia **MILITAR**

Realiza um policiamento preventivo na **CIDADE**, na floresta, no trânsito e nas **ESTRADAS**.

Faz **RONDAS** ostensivas (motorizadas ou não).

Cuida da **ORDEM** pública, podendo, até, aplicar **MULTAS**.

Pertence ao **MILITARISMO**.

Polícia **CIVIL**

Elabora **BOLETINS** de ocorrência.

Investiga e esclarece **CRIMES**.

Expede **CÉDULAS** de identidade e **ATESTADO** de antecedentes criminais e de **RESIDÊNCIA**.

Dá autorização para grandes **EVENTOS**.

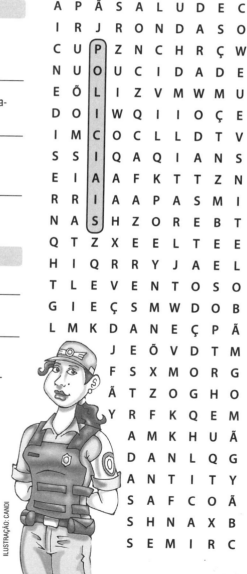

ILUSTRAÇÃO: CANDI

```
A P Ã S A L U D E C
I R J R O N D A S O
C U P Z N C H R Ç W
N U O U C I D A D E
E Õ L I Z V M W M U
D O I W Q I I O Ç E
I M C O C L L D T V
S S I Q A Q I A N S
E I A A F K T T Z N
R R I A A P A S M I
N A S H Z O R E B T
Q T Z X E E L T E E
H I Q R R Y J A E L
T L E V E N T O S O
G I E Ç S M W D O B
L M K D A N E Ç P Ã
      J E Õ V D T M
      F S X M O R G
      Ã T Z O G H O
      Y R F K Q E M
      A M K H U Ã
      D A N L Q G
      A N T I T Y
      S A F C O Ã
      S H N A X B
      S E M I R C
```

dominox lógico

Brincando no Carnaval

Primeiro, preencha o diagrama abaixo usando todas as palavras das chaves.

5 letras
BRUNA
GOMES
ÍNDIA

6 letras
CIGANA
GISELE
MÔNICA

OLÍVIA
RAQUEL
REBECA
~~SIMONE~~

7 letras
ADRIANA
NATÁLIA

8 letras
FIGUEIRA
HAVAIANA
LAURINDO
MONTEIRO
PRISCILA

9 letras
BAILARINA
GUIMARÃES

10 letras
FEITICEIRA

dominox lógico

Agora, com base nas dicas, tente preencher o quadro com o nome de cada mulher que fantasiou a filha no Carnaval (Mônica, Natália, Olívia, Priscila, Rebeca), seu sobrenome (Figueira, Gomes, Guimarães, Laurindo, Monteiro), o nome de sua filha (Adriana, Bruna, Gisele, Raquel, Simone) e a fantasia que cada criança vestiu (bailarina, cigana, feiticeira, havaiana, índia).

1. A fantasia que a filha de Rebeca vestiu no Carnaval cruza unicamente com o nome da filha de Priscila, que cruza com o sobrenome de Olívia, que cruza com o nome da mãe de Adriana.

2. A fantasia que a filha de Olívia vestiu no Carnaval cruza unicamente com o nome da mãe de Bruna, que cruza com a fantasia da filha de Priscila, que cruza com a fantasia que a filha de Mônica, que cruza com a fantasia que a filha de Natália vestiu.

3. O nome da mãe de Raquel cruza unicamente com o nome da mãe de Gisele.

4. O nome da mulher cujo sobrenome é Guimarães cruza unicamente com o sobrenome de Natália.

5. O sobrenome de Rebeca cruza unicamente com o nome da filha de Olívia.

ILUSTRAÇÃO: ULISSES

Nome	Sobrenome	Nome (filha)	Fantasia

GERAL

Devem-se formar as palavras seguindo em todas as direções, sempre ligando as letras em sequência direta, sem cruzar, sem pular e sem repetir letra (para que uma palavra tenha letra repetida, é necessário que essa letra também esteja duplicada no diagrama). Damos como exemplo uma palavra encontrada no diagrama. Só valem palavras de QUATRO letras ou mais. Na solução, constam 30 palavras formadas com este diagrama, mas, se você formar outras tantas, parabéns! Você tem um alto conhecimento de nosso vocabulário.

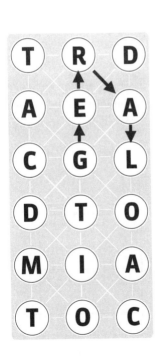

T	R	D
A	E	A
C	G	L
D	T	O
M	I	A
T	O	C

caça-palavra

Bioluminescência

Embora seja comum a alguns animais existentes na **NATUREZA**, entre os **VERTEBRADOS**, apenas os **PEIXES** possuem tal capacidade.

A ~~BIOLUMINESCÊNCIA~~, que é a emissão de luz própria, ocorre devido à **OXIDAÇÃO** da proteína **LUCIFERINA** pela **ENZIMA** luciferase.

A luminosidade pode se dar pelos órgãos chamados fotóforos, porém algumas **BACTÉRIAS** contidas no corpo de certos animais também podem provocá-la.

Os **VEGETAIS** capazes de emitir luz são os **AQUÁTICOS**, como determinadas algas e o **FITOPLÂNCTON**. Além deles, seres **MARINHOS** como moluscos, **CRUSTÁCEOS** e alguns peixes que vivem nas zonas abissais dos **OCEANOS** também produzem luz.

Dos animais terrestres que realizam o **FENÔMENO**, o mais conhecido é o vaga-lume.

S	F	W	V	Õ	S	I	A	T	E	G	E	V	D	P	A	V	Q	O	G	J
Y	Ç	L	E	R	A	D	M	W	X	Z	M	P	E	C	O	W	J	X	R	Y
O	M	A	R	I	N	H	O	S	B	Y	Y	I	D	H	C	U	J	I	B	Ã
N	A	O	T	T	J	F	T	F	X	N	X	Y	L	Ç	E	E	Y	D	U	C
E	A	V	E	H	Õ	Ç	E	Õ	X	E	V	J	U	M	A	Ç	Ã	A	H	R
M	V	Y	B	Q	J	X	Y	R	S	N	V	Q	C	A	N	C	V	Ç	Ã	U
O	M	T	R	X	O	W	M	A	Q	U	A	T	I	C	O	S	C	Ã	A	S
N	K	S	A	R	Ç	H	J	Õ	J	K	K	S	F	I	S	K	E	O	Ã	T
E	G	Ã	D	Ç	B	I	O	L	U	M	I	N	E	S	C	E	N	C	I	A
F	I	T	O	P	L	A	N	C	T	O	N	B	R	R	F	C	Z	Õ	L	C
W	T	R	S	H	Ã	Ç	C	Z	N	S	P	H	I	P	Õ	Z	I	V	I	E
D	T	Ã	Ç	S	A	I	R	E	T	C	A	B	N	Z	D	V	M	L	B	O
A	Z	E	R	U	T	A	N	I	Ç	Ã	X	Y	A	X	Ç	Z	A	X	T	S

caça-palavra

Peeling

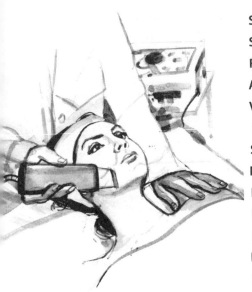

A cada dois meses, a ~~PELE~~ humana é **TROCADA**, naturalmente. No entanto, realizar a **ESFOLIAÇÃO** ativa a proteína p53, que tem função **DEFENSIVA** contra os **DANOS** causados pela exposição às **RADIAÇÕES** ultravioleta, como a deterioração **PROGRESSIVA** do DNA **CELULAR**.

Especialistas afirmam que o peeling de **ÁCIDO** salicílico, glicólico ou **PIRÚVICO**, além de melhorar a **BELEZA** da pele, deixando-a mais **MACIA**, fina e sem **MANCHAS**, e até mesmo reduzindo marcas **PROFUNDAS** e rugas, estimula a **PROTEÇÃO** da p53, prevenindo o **CÂNCER** de pele.

```
S L W R E C N A C P
S O H W J A Q I D T
F N N C T V Õ Ç J Y
A F O A F I T H M F
V O Z U D S L F R C
I S Ç L D S X S K C
S E S A Z E L E B E
N N G Y B R N N E L
E H Õ Z J G N X V U
F U S Ç A O K Z U L
E D E J L R O T R A
D M S H J P L A J R
S S F X R E C O E F
A K O M Ã I U P V R
E R L C D N Y E Q E
U S I O M P Y L O P
M B A M Õ I L E I R
A R Ç S E R Ç F Õ O
W M Ã W Q U W A I T
N H O V Z V M D E E
S E Õ Ç A I D A R Ç
F E G Ç M C L C Ç Ã
S R A A P O F O B O
Õ N C Ç A Q N R N W
W I T M U F Y T R Õ
A M J S A H C N A M
S A D N U F O R P L
W M U G A H T L W D
```

caça-palavra

Confucionismo

Essa **DOUTRINA** religiosa foi criada pelo **PENSADOR** chinês ~~CONFÚCIO~~, que viveu entre os anos 551 e 479 a.C.

O princípio básico de tal **CRENÇA** são os ensinamentos dos **SÁBIOS** (o "**JUNCHAIO**"), que definem a busca por um caminho **SUPERIOR**: "tao". Essa seria a maneira de se viver bem e em **HARMONIA** com os **DESÍGNIOS** do céu e da Terra.

Apesar de o Confucionismo pender mais para o lado **FILOSÓFICO** do que para o **RELIGIOSO**, suas convicções e ideias são absorvidas por **CULTOS** chineses **ANCESTRAIS**.

Durante quase dois mil anos, entre o século II e o início do XX, essa foi a crença **OFICIAL** da **CHINA**, com **RAÍZES** político-filosóficas.

ILUSTRAÇÃO: AMORIM

12 dominox

O Dominox consiste em escrever no diagrama, respeitando os cruzamentos, as palavras em destaque nas chaves.

O piloto venceu o Grande Prêmio...

5 letras
da CHINA
do JAPÃO

6 letras
da ÁFRICA do Sul
da EUROPA
da FRANÇA
da ITÁLIA
da SUÉCIA
de MÔNACO
do ~~BRASIL~~
do CANADÁ

7 letras
da ÁUSTRIA
da BÉLGICA
da ESPANHA
da HOLANDA
da MALÁSIA
da TURQUIA

8 letras
de PORTUGAL

9 letras
da ARGENTINA
de CINGAPURA

10 letras
da INGLATERRA

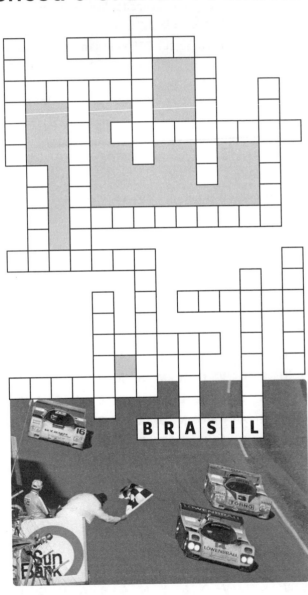

caça-palavra 13

Astros mais valorizados

Para se contabilizar quanto vale uma estrela hoje, são levados em consideração não somente o seu cachê, mas a bilheteria de seus filmes, o seu prestígio perante os estúdios e a crítica, o gosto popular, as indicações ao Oscar, o número de capas de revistas e a sua aparição nos tabloides.

FOTO: MARVEL STUDIOS

- ~~ROBERT~~ Downey Jr.
- WILL Smith
- Johnny DEPP
- DENZEL Washington
- BRAD Pitt
- MATT Damon
- CLINT Eastwood
- ANGELINA Jolie
- MERYL Streep
- GEORGE Clooney
- SANDRA Bullock
- MARK Wahlberg
- LEONARDO DiCaprio
- DANIEL Radcliffe
- Tom CRUISE
- JENNIFER Lawrence
- CHRISTIAN Bale
- LIAM Neeson
- EMMA Stone
- SHIA LaBeouf

T	I	Ç	W	Õ	R	C	B	V	C	M	R	L	Y	R	E	M	O	Q	Ç	M
Õ	T	R	E	F	I	N	N	E	J	Õ	A	O	P	A	V	C	B	B	A	F
Y	K	A	L	B	U	Õ	M	W	O	E	W	I	V	Y	W	R	O	R	T	T
T	L	J	M	I	S	E	W	U	G	M	Õ	E	L	J	T	H	K	T	Ã	V
Ã	U	H	U	P	K	G	J	O	H	M	N	S	Z	E	A	K	U	L	W	E
R	O	B	E	R	T	R	P	X	A	A	V	S	C	G	N	A	X	E	N	S
F	B	H	Ç	L	L	O	Z	Õ	R	X	I	D	V	E	G	C	A	O	U	I
Q	F	Õ	A	W	U	E	L	U	D	L	D	E	N	Z	E	L	S	N	D	U
Z	L	Q	Ç	I	Z	G	V	L	N	B	L	U	H	D	L	E	Y	A	H	R
N	A	I	T	S	I	R	H	C	A	J	I	H	C	A	I	Y	R	R	B	C
P	D	S	V	I	K	B	Ç	I	S	W	U	L	J	N	N	L	O	D	T	E
U	E	Z	H	W	P	D	A	R	B	O	I	J	O	I	A	F	Õ	O	Ç	U
L	P	V	U	I	I	N	K	J	V	N	P	L	F	E	Q	T	G	I	V	G
V	P	H	M	J	A	X	Y	H	T	E	T	S	L	L	A	Õ	Q	D	E	N

caça-palavra

14

ILUSTRAÇÃO: NEI LIMA

Reflexões sobre saudade

"**AUSÊNCIA** física, ausência da voz e do cheiro, das risadas e do piscar de olhos, saudade da amizade que ficará na ~~LEMBRANÇA~~ e em algumas **FOTOS**."
(Martha Medeiros)

"O **AMOR** calcula as horas por meses, e os dias por anos; e cada pequena ausência é uma **ETERNIDADE**." (John Dryden)

"**SAUDADE** é melhor do que caminhar **VAZIO**." (Peninha)

"A ausência apaga as pequenas **PAIXÕES** e fortalece as grandes." (François La Rochefoucauld)

"**SOLIDÃO** é uma ilha com saudade de **BARCO**." (Adriana Falcão)

"O tempo não para! Só a saudade é que faz as coisas pararem no **TEMPO**..."
(Mario Quintana)

"Saudade é um **SENTIMENTO** que quando não cabe no coração escorre pelos **OLHOS**." (Bob Marley)

O	T	F	L	A	E	Ã	Ç	P	I
I	F	Q	S	W	S	Z	K	Z	Z
Z	P	O	O	Ã	D	I	L	O	S
A	B	X	T	V	Q	J	Y	J	E
V	T	E	Q	O	F	Q	L	G	I
V	N	Ç	R	F	S	L	E	W	N
S	E	N	T	I	M	E	N	T	O
D	Ã	B	T	Z	N	Õ	S	U	A
Y	M	U	A	U	A	J	A	C	U
K	L	J	J	R	J	O	U	J	S
C	S	Ã	A	Y	C	M	D	W	E
K	G	M	K	Y	Ã	O	A	Z	N
F	O	G	Y	Õ	G	D	D	L	C
R	T	E	M	P	O	N	E	E	I
R	K	Õ	O	Õ	O	E	A	M	A
K	P	A	T	L	J	F	U	B	P
V	L	Z	P	C	H	T	I	R	R
	H	X	A	O	E	A	N	A	G
	L	I	F	S	N	R
	V	E	J	F	Ç	D
	D	V	Ã	A	Ã
	A	T	F	P	C
	D	P	Ç	A	D
	I	L	T	I	Ã
	N	N	Ã	X	K
	R	X	L	Õ	G
	E	C	L	E	S
	T	C	S	S	F
	E	J	R	Y	L

MARTHA MEDEIROS

caça-palavra

Tipos de velas

Ao acender uma vela, saiba que ela evoca determinados benefícios, dependendo do seu formato e composição.

CARACOL: sabedoria interior

CILÍNDRICA: promove a evolução e purificação espiritual

HEXAGONAL: ligada ao elemento ar, representa poder, sabedoria, riqueza, vigor

MEIA-LUA: relaciona-se ao elemento **ÁGUA** e traz equilíbrio emocional

PENTÁGONO: símbolo de **PROTEÇÃO** e equilíbrio

QUADRADA: representa a terra e traz prosperidade e solidez

Quarto **CRESCENTE**: poder feminino, **VIDÊNCIA**

Triângulo: ligada ao elemento **FOGO** e ao planeta Marte

Vela de **FRUTAS**: fartura

Vela **FLUTUANTE**: espalha o **AMOR** entre os familiares

~~VELA~~ mel: simpatia e **HARMONIA**

Ç	Q	L	A	N	O	G	A	X	E	H	Ç	L	Ã	F	S	Y	N	F	E	L
J	A	U	N	A	F	X	F	Õ	V	Y	O	K	J	R	Q	B	G	M	F	O
L	I	Q	S	O	T	E	J	U	I	E	T	N	A	U	T	U	L	F	E	C
Ã	N	T	G	E	U	T	Z	E	D	J	C	B	L	T	Ã	T	H	Q	X	A
K	O	O	Õ	H	M	N	Y	X	E	A	I	Ã	S	A	M	Ç	Ã	A	Ã	R
F	M	F	W	L	Õ	E	Q	L	N	N	L	R	K	S	A	H	G	Ç	Ã	A
K	R	H	S	O	V	C	Y	O	C	Y	I	N	F	R	U	U	A	U	N	C
I	A	I	W	E	H	S	Y	U	I	G	N	D	X	C	A	T	B	N	B	K
D	H	I	L	O	Õ	E	D	E	A	V	D	A	D	A	R	D	A	U	Q	D
Z	V	A	I	S	J	R	M	P	I	Z	R	P	R	O	T	E	Ç	Ã	O	V
X	O	P	G	R	V	C	B	T	W	O	I	T	X	U	L	Q	A	A	X	K
Z	M	E	I	A	L	U	A	X	Z	Z	C	K	Q	Y	I	M	J	N	P	Ç
B	Y	K	B	V	E	Õ	J	N	D	D	A	K	I	Q	O	T	Q	K	Ã	W
O	A	X	O	N	O	G	A	T	N	E	P	E	P	R	W	C	Õ	X	F	Y

16 numerox

Partindo do exemplo impresso como dica, preencha o diagrama com os números dados a seguir, respeitando os cruzamentos.

3 dígitos	4 dígitos	5 dígitos		7 dígitos	8 dígitos
143	1012	07435	92916	0233213	34176330
215	1034	22584	97722	2531984	48570413
236	1366	37931		4264280	69525744
324	2335	46301	**6 dígitos**	4463232	
363	2736	75008	~~237116~~	5886226	**9 dígitos**
399	3261	77572	316263	6463372	321748282
467	4127	81732	345221	6827467	795751068
488	6664	84907	365055		
608	7907	86865	966023		**10 dígitos**
663	8446				2100822341
858	8746				5091162452
951	9960				

2 3 7 1 1 6

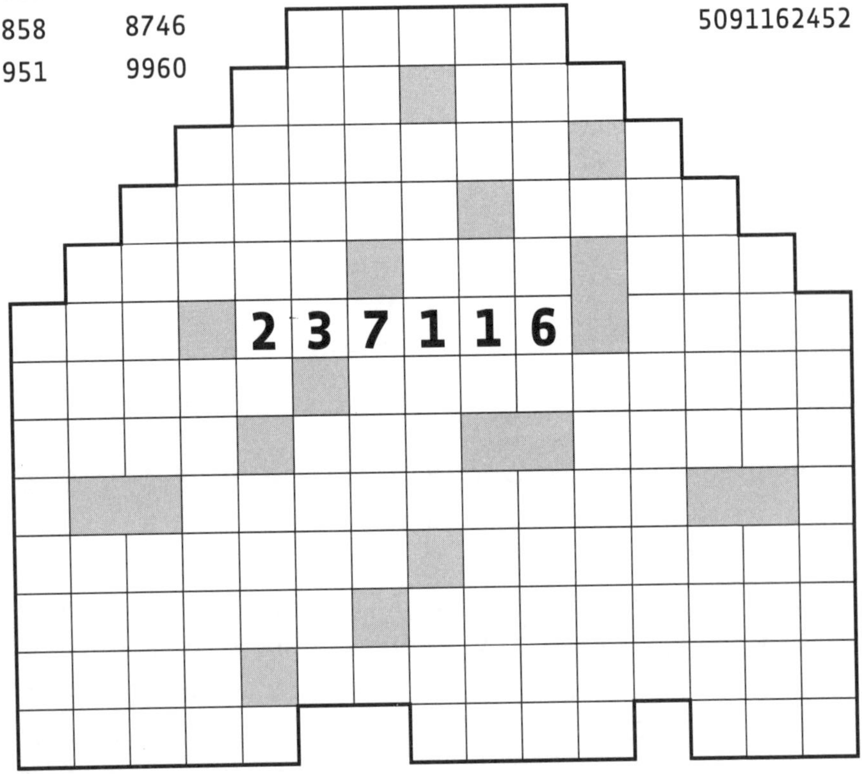

caça-palavra

O ferrão da abelha

Você já ouviu falar que a **ABELHA** morre ao picar uma pessoa? Se acha que essa história é mito, está muito enganado. A abelha **OPERÁRIA** é responsável por proteger a **COLMEIA**, mesmo que isso ponha em risco sua própria **VIDA**. Para cumprir sua finalidade, ela possui um **FERRÃO** com pequenas **FARPAS** externas que serve para picar aqueles que a ameaçam. Nesse ato, é liberado, além do **VENENO**, um tipo de **FEROMÔNIO**, odor que atua não só como meio de atração sexual mas também de **COMUNICAÇÃO**, o que sinaliza a presença de perigo para as parceiras. O ferrão, por sua vez, está ligado à região posterior do **ABDÔMEN**, onde ficam alguns **NERVOS**, a bolsa de veneno e uma parte do tubo **DIGESTIVO** da abelha. Depois que aplica a ferroada no inimigo, o inseto tenta fugir, desprendendo-se do ferrão, que fica preso ao corpo da vítima, e, consequentemente, de outras partes do **ORGANISMO** da abelha. Como uma colmeia apresenta cerca de 50.000 membros, a morte de alguns deles não compromete a **SOBREVIVÊNCIA** da **COLÔNIA**.

caça-palavra

Rúcula

A RÚCULA é uma **HORTALIÇA** muito usada em **SALADAS**. É da mesma família da mostarda, daí seu sabor **PICANTE**. Originária do sul da Europa e da parte ocidental da Ásia, essa planta necessita de **TEMPERATURA** amena para um bom desenvolvimento.

É rica em **PROTEÍNAS**, vitaminas A e C e sais **MINERAIS**, principalmente ferro e **CÁLCIO**, além de **POTÁSSIO** e **ENXOFRE**. Além das propriedades anti-inflamatórias e desintoxicantes, estimula o **APETITE**.

Vendida em **MAÇOS**, a rúcula deve ser consumida quando as **FOLHAS** estão **VERDES** e **VIÇOSAS**. Além de fria, também pode ser servida **REFOGADA** e quente.

Q	Ã	Ç	Õ	Ç	K	Y	U	A	O	Ã	Q	D	E	K	M	Y	I	T	B	F
A	V	G	A	Ç	I	L	A	T	R	O	H	O	E	E	T	I	T	E	P	A
D	K	L	S	B	X	M	Õ	Ç	Q	Õ	O	G	R	S	K	N	V	M	L	Y
A	Ã	P	F	H	E	O	P	I	C	A	N	T	E	A	S	N	Ç	P	L	Ã
G	S	I	O	Ã	O	W	W	D	E	W	L	Z	X	Ç	I	U	M	E	W	N
O	V	F	L	Õ	G	Q	O	I	S	S	A	T	O	P	A	A	G	R	V	J
F	Q	J	H	L	T	D	C	D	W	G	F	K	E	U	R	I	Q	A	H	O
E	E	S	A	L	A	D	A	S	D	R	L	R	N	A	E	K	G	T	Y	S
R	I	O	S	T	H	D	L	G	Õ	U	Ç	Y	X	N	N	A	M	U	Z	A
N	Ã	Ã	A	S	R	Ã	C	Õ	H	C	N	F	O	B	I	B	J	R	G	S
T	E	O	O	O	R	E	I	X	N	U	J	Z	F	R	M	B	Ç	A	P	O
Ç	E	Ç	N	H	N	Ç	O	Ç	V	L	K	D	R	R	N	S	D	B	K	Ç
Ã	A	C	I	S	E	D	R	E	V	A	C	Z	E	G	X	O	W	O	Õ	I
M	B	Y	S	B	P	W	Ç	K	Ã	T	S	A	N	I	E	T	O	R	P	V

caça-palavra

Cyber cafés

O correio eletrônico, ou **E-MAIL**, é uma das melhores formas de **COMUNICAÇÃO** atualmente. Locais **PÚBLICOS** com **ACESSO** à internet – os **CYBER** cafés – se disseminam cada vez mais pelas cidades do **MUNDO**. São estabelecimentos onde se podem **ENVIAR** e-mails, fazer pesquisa ou até mesmo estudar, enquanto se **DEGUSTA** um café ou se faz um **LANCHE**. Normalmente, não é preciso pagar nenhuma **TAXA** pelo tempo de uso da **INTERNET**, e o cliente pode utilizá-la por **HORAS**. Muitos desses ~~CAFÉS~~ oferecem serviços de **TELEFONIA**, impressão, upload, **DOWNLOAD** e escaneamento de imagens, que podem ou não ser cobrados à parte. Cada vez mais numerosos, fáceis e baratos, esses espaços têm **FACILITADO** muito a vida de quem não tem acesso à rede em casa e dos turistas que viajam por diversas regiões do planeta.

```
A D J F W D P Q U M
O I L Ç T O J S U S
D Z P F F L Ç N E Y
A H P N I D D R P S
T F O S V O P Z N O
I G A R H Y N U O C
L C D Y A C Q T V I
I Y U N Q S K D T L
C W C A F E S E M B
A J D C I B B G W U
F A J E D K D U A P
X Ç F S B B T S T S
X K W S A T T T L G
Z X M O T A G A Y C
O H V F X S Ã X Y T
Ã I M A F Z B B V X
Ç Y B Z Q B E U O S
A T Q T B R Z O G F
C R D A O L N W O D
I B X Y L Y Ç O X C
N T E L E F O N I A
U D N E V G Ç C Ç T
M Ç V D M Y Õ A L E
O I I E J A I C G H
C Õ A X U P I Ã A C
I J R H F Y D L Z N
Z C L T P Q P P A A
K T E N R E T N I L
M S M J V R V K M F
```

ILUSTRAÇÃO: FERNANDO

Palavra "cobra"

	C			
O				C
				B
			R	
B		A		

Escreva as letras da palavra "cobra" nos quadrados, de forma que nenhuma letra se repita nas colunas ou nas linhas, nem nas diagonais. Todas as letras da palavra "cobra" têm que estar presentes.

caça-palavra

Tate Modern

ILUSTRAÇÃO: FERNANDO

Com um dos mais **VALIOSOS** conjuntos de **ARTE** do século XX, o imenso edifício do Tate ~~MODERN~~ foi originalmente projetado por Giles **GILBERT** Scott – arquiteto que criou as famosas **CABINES** telefônicas vermelhas da Inglaterra. Às margens do rio **TÂMISA**, em Londres, o museu exibe **OBRAS** de forma dinâmica. Seu acervo é apresentado de acordo com quatro grupos: **PAISAGENS**, naturezas-mortas, nus e temas **HISTÓRICOS**. As **PINTURAS** e esculturas fazem parte de movimentos como o **SURREALISMO**, o expressionismo abstrato e as artes pop, **CONCEITUAL** e minimalista. Dentre suas principais telas, destacam-se "As Três Dançarinas", de Pablo **PICASSO**; "A Metamorfose de Narciso", de Salvador **DALÍ**; e "Marilyn", de Andy **WARHOL**. A **TATE** também sedia **MOSTRAS** temporárias de artistas menos famosos e de nomes controversos.

U	Q	Ã	T	K	O	A	Q	D	Ç	Q	H	T	S	S	E	N	I	B	A	C
U	W	Ç	Z	B	P	W	D	Ã	K	Y	I	E	R	Y	Ã	C	O	T	O	G
A	V	C	R	P	K	Z	S	U	R	R	E	A	L	I	S	M	O	R	C	A
X	Y	A	M	A	F	M	E	H	N	N	G	H	H	M	R	O	N	E	K	D
D	S	I	Ç	I	M	O	D	E	R	N	W	X	I	F	S	S	D	B	Y	V
S	Y	F	A	S	E	A	D	T	Q	N	T	T	S	U	K	T	Ç	L	Ã	F
O	E	E	A	A	D	A	R	R	Ç	Y	F	G	T	U	A	R	N	I	Ç	Ã
S	P	J	C	G	N	O	R	T	G	C	P	R	O	W	G	A	C	G	D	W
O	A	C	D	E	W	U	F	G	E	Õ	J	P	R	F	R	S	F	D	Õ	A
I	I	C	O	N	C	E	I	T	U	A	L	R	I	A	S	I	M	A	T	R
L	O	L	L	S	R	W	S	K	T	W	Ç	G	C	Ã	U	O	M	T	C	H
A	K	W	A	T	J	W	P	I	C	A	S	S	O	R	Ç	L	A	J	Ã	O
V	T	Z	U	D	N	Z	Ã	A	Q	C	T	S	S	S	J	T	I	I	Ç	L
T	K	W	V	S	A	R	U	T	N	I	P	N	K	I	E	G	J	X	D	V

criptocruzada

Resolva esta cruzada, sabendo que letras iguais correspondem a números iguais. Damos um exemplo como ponto de partida. As demais letras devem ser descobertas por dedução e/ou lógica, sabendo-se que formam palavras horizontais e verticais. À esquerda, fora do diagrama, damos a tabela das letras usadas no exemplo impresso e os espaços em branco para completar com as letras que for descobrindo.

Tabela das letras:

1		2	A	3	I	4	S	5		6	
7	C	8	R	9	E	10		11		12	
13		14		15		16		17	D		

Diagrama:

1	2	3	4		5	6	4	7	2
3	8		2	7	2	8	9	2	8
7	9	2	8	2		6	8	5	9
10	2	5	3	11	2	11		9	4
9	8	2		2	12	6	2	13	
				8	14		11	15	16
					15	7	2		15
				2	13	15	7	2	8
				14		13	2	1	2
				9	13	2		13	16
9 (E)	4 (S)	7 (C)	2 (A)	17 (D)	2 (A)	8 (R)	3 (I)	2 (A)	
8		2	16	15	12		1	6	7
9	11	12	2		7	15	9	4	2
11	8	3	12	7	10	2		15	17
15	3	13		5	2	5	15	4	2

caça-palavra

Alimentos: fontes de água

A **ÁGUA** é um líquido **ESSENCIAL** para a vida. Além de equilibrar a **TEMPERATURA** e a pressão **ARTERIAL** do corpo, ela também o mantém hidratado. Especialistas dizem que uma pessoa adulta deve **CONSUMIR** cerca de 2,5 litros de água por dia. Porém, o que muitas pessoas não sabem é que, na verdade, parte dessa água está embutida nos **ALIMENTOS** que consomem.

Frutas, **VERDURAS** e legumes são ricos em água e, quando ingeridos regularmente, podem reduzir pela metade a necessidade **DIÁRIA** de outros líquidos. Confira os principais alimentos que são **FONTES** de água e descubra a participação dela em suas composições:

MELANCIA – 96%	**ALFACE** – 96%	**CHUCHU** – 95%
AIPO – 95%	**ABOBRINHA** – 94%	**TOMATE** – 93%
ESPINAFRE – 91%	~~**LARANJA**~~ – 87%	Uva – 81%

L	A	I	R	E	T	R	A	A	A	I	E	S	P	I	N	A	F	R	E	I
W	C	J	S	T	Q	E	I	Q	T	C	R	Ç	V	F	Z	O	E	Ç	V	A
C	X	J	X	K	A	S	C	H	E	R	W	E	G	D	W	B	L	Z	G	J
U	I	C	Z	H	H	P	N	L	M	Y	Y	X	I	T	A	Q	U	U	V	R
V	H	H	Y	X	N	T	A	G	P	Z	Q	A	F	P	L	P	A	N	P	L
E	F	U	Z	C	I	C	L	G	E	G	R	Ç	G	M	I	D	Z	A	N	A
R	B	C	X	N	R	R	E	E	R	I	K	S	R	M	M	I	O	T	X	I
D	U	H	A	H	B	Z	M	S	A	Ç	C	E	I	Z	E	P	P	E	J	C
U	K	U	O	X	O	Y	O	Q	T	V	I	T	Q	Q	N	Y	M	C	T	N
R	S	J	J	K	B	M	E	T	U	J	X	N	T	U	T	O	M	A	T	E
A	J	N	A	R	A	L	O	Ç	R	D	P	O	G	N	O	U	T	F	V	S
S	S	B	U	L	W	G	V	L	A	N	T	F	P	X	S	F	L	L	L	S
A	T	Ç	O	M	J	M	T	Q	F	H	C	T	T	I	O	F	Y	A	U	E
N	Ç	D	O	R	I	M	U	S	N	O	C	J	B	I	A	A	L	Y	A	O

caça-palavra

Coração da Europa Central

Primeiro país do antigo bloco soviético a tornar-se república **DEMOCRÁTICA**, em 1989, a **HUNGRIA** travou lutas históricas contra ocupantes **ALEMÃES**, austríacos, russos e **TURCOS**. Diferentemente do restante da **EUROPA** Central, sua **POPULAÇÃO** compõe-se de **MAGIARES** – etnia da Ásia Central – (92%), romenos (4%), alemães (2%), eslovacos (1%) e judeus (1%). O país é também famoso por sua **CULINÁRIA** típica, que tem pratos à base de carne (como o **GOULASH**) temperados com **PÁPRICA** picante, o mais conhecido produto de **EXPORTAÇÃO** da Hungria.

O rio **DANÚBIO** corta o país e divide a capital, **BUDAPESTE**, que concentra um quinto da população húngara. Situada no **CORAÇÃO** da Europa Central, Budapeste foi fundada, em 1873, após a **UNIFICAÇÃO** de três cidades: Buda, Óbuda e Peste.

Y	J	R	F	X	C	P	Ç	R	S
A	C	I	R	P	A	P	I	E	L
N	I	S	E	O	Õ	Õ	Ã	N	J
Y	Ã	E	G	E	Ç	M	E	Q	G
K	N	X	X	T	E	L	A	H	O
O	A	P	Ã	L	C	B	C	Ç	Ã
Ã	I	O	A	D	F	V	I	Q	Ç
Ç	W	R	Y	Y	I	D	T	A	A
A	Ã	T	A	Y	F	L	A	Ç	L
R	N	A	U	Q	C	C	R	Ã	U
O	F	Ç	P	P	A	K	C	Ã	P
C	R	Ã	Õ	M	E	L	O	M	O
Z	O	O	O	P	D	K	M	I	P
M	M	A	G	I	A	R	E	S	N
S	K	P	W	M	N	F	D	Ã	O
O	O	T	D	G	U	X	A	T	Ã
Õ	L	C	W	E	B	P	B	W	Ç
Y	W	W	R	H	I	H	U	U	A
H	U	A	Z	U	O	N	D	E	C
S	Y	I	S	A	T	V	A	F	I
A	Ã	R	E	T	G	O	P	C	F
L	M	A	Ã	K	W	T	E	H	I
U	L	N	Q	Õ	M	X	S	Y	N
O	L	I	J	M	E	J	T	T	U
G	G	L	M	C	E	B	E	O	Õ
A	P	U	A	P	O	R	U	E	S
N	S	C	G	X	Ã	U	M	E	P
(H	U	N	G	R	I	A)	M	Y	R
B	G	H	R	Q	X	X	Y	P	K

ILUSTRAÇÃO: ACERVO EDIOURO

caça-palavra

Os mais prósperos

Recentemente, o Instituto **LEGATUM** divulgou os resultados de uma pesquisa que avaliou a **PROSPERIDADE** dos 142 **PAÍSES**, de acordo com **ECONOMIA**, saúde, **GOVERNO**, educação, **SEGURANÇA** e outros critérios.

Veja o ranking:

1º **NORUEGA**
2º ~~**DINAMARCA**~~
3º **SUÉCIA**
4º **AUSTRÁLIA**
5º **NOVA** Zelândia
6º **CANADÁ**
7º **FINLÂNDIA**
8º Países **BAIXOS**
9º **SUÍÇA**
10º **IRLANDA**

Os Estados **UNIDOS** ficaram na 12ª posição, enquanto o Brasil ocupou o 44º lugar.

```
Z J S E S I A P L
L Ç Õ B M Ç X T N
Q B G Ã U L H T O
I O C S J E U N R
M M F Ç G C A U
V L G E N A Q I E
L Ç H F O T N D G
P Ç G O Z U Q N A
S O X I A B M P A R
G D U A X E C Ã L Ç
Ã J O C E D L G N H
X Q Ç R Ã A A R I L
S H H A Õ D F P F U
T N N M Z I F O Ç N
A E T A U R Y N R I
I F U N Z E Z R R D
L U I I Ã P Ã E C O
A M T D O S Ã V S S
R I E Q Ç O B O L D
T A Ç N A R U G E S
S N I U E P Ç Z Õ W
U O A I C E U S L A
A C Y K O Q I B A N
Õ A D A N A C W D V
N Ç Ã Z O Z B M N B
X I W C M Ã Ã N A K
U U Q Z I Ã O X L R
U S N W A V Õ F R Ã
R H Q F A Q Y C I A
```

caça-palavra

Nossos índios

O Dia do ÍNDIO é comemorado, no Brasil, em 19 de abril.

O território nacional abriga cerca de 460 mil índios, que se dividem em 225 **ETNIAS** e se comunicam em 180 línguas ou **DIALETOS**.

Existem 635 áreas **INDÍGENAS** no país, o que corresponde a 12% do espaço brasileiro. Os índios vivem em **ALDEIAS**, sobretudo na Região Norte. Apenas no Piauí, no Rio Grande do Norte e no Distrito Federal não há essas ocupações.

As etnias com maior número de indivíduos são a **TICUNA**, a **GUARANI** e a **CAINGANGUE**.

Ainda existem aproximadamente 55 grupos **ISOLADOS**, sem contato com a nossa **CIVILIZAÇÃO**. Eles se encontram no Acre, **AMAZONAS**, Rondônia, Pará, Mato Grosso e Goiás.

O maior problema enfrentado pelos índios é a **INVASÃO** e **EXPLORAÇÃO** de suas terras **DEMARCADAS**.

I	C	C	N	Ã	Ã	U	C	A	I	N	G	A	N	G	U	E	Ã	Q	E	S
E	O	I	I	Q	D	I	W	E	V	H	R	L	B	M	P	I	M	J	Z	A
N	X	N	U	O	U	W	T	T	Ã	I	Z	D	U	Y	G	N	X	E	W	D
P	M	D	A	Q	Z	A	A	I	H	A	D	E	T	B	B	D	Õ	B	A	A
J	S	I	O	S	J	T	O	Ã	Ç	A	Z	I	L	I	V	I	C	S	Õ	C
P	O	O	Q	O	P	F	J	U	Z	S	F	A	G	W	E	G	L	A	W	R
B	T	I	E	D	G	W	S	D	D	I	R	S	B	P	J	E	D	N	A	A
X	E	G	U	A	R	A	N	I	A	L	G	Y	B	S	Ã	N	G	O	J	M
Ã	L	O	W	L	F	E	S	W	R	F	Y	R	A	Ç	J	A	Õ	Z	T	E
F	A	L	B	O	Ã	S	A	V	N	I	F	I	R	K	K	S	Ç	A	C	D
T	I	G	C	S	Y	Ç	Ã	Y	A	G	N	W	Y	P	N	C	Z	M	F	K
V	D	P	V	I	X	K	C	F	W	T	F	Ã	H	C	H	E	V	A	Ç	R
Ã	A	N	U	C	I	T	U	O	E	P	O	Ã	Ç	A	R	O	L	P	X	E

caça-palavra

Hóquei

ESPORTE no qual os jogadores **DESLIZAM** sobre **PATINS** e carregam um **TACO** que utilizam para **CONDUZIR** o disco em direção ao gol, o ~~HÓQUEI~~ pode ser praticado no **GELO** ou no **CAMPO**.

As **PISTAS** de gelo têm temperatura 10°C negativos ou gelo **ESPECIAL**, no verão. Cada time possui 6 **JOGADORES**, e o disco é feito de borracha. Cada partida tem 3 tempos de 20 minutos, com intervalos de 15 minutos entre eles.

Nas pistas de **GRAMA**, usa-se uma bola de **PLÁSTICO** e cortiça, e cada **EQUIPE** tem 11 jogadores. A **PARTIDA** tem 2 tempos de 35 minutos cada, com **INTERVALO** de 10 minutos.

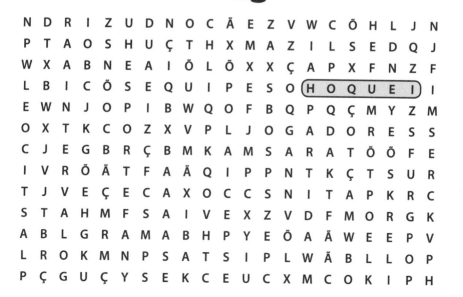

N	D	R	I	Z	U	D	N	O	C	Ã	E	Z	V	W	C	Õ	H	L	J	N
P	T	A	O	S	H	U	Ç	T	H	X	M	A	Z	I	L	S	E	D	Q	J
W	X	A	B	N	E	A	I	Õ	L	Õ	X	X	Ç	A	P	X	F	N	Z	F
L	B	I	C	Õ	S	E	Q	U	I	P	E	S	O	H	O	Q	U	E	I	I
E	W	N	J	O	P	I	B	W	Q	O	F	B	Q	P	Q	Ç	M	Y	Z	M
O	X	T	K	C	O	Z	X	V	P	L	J	O	G	A	D	O	R	E	S	S
C	J	E	G	B	R	Ç	B	M	K	A	M	S	A	R	A	T	Õ	Õ	F	E
I	V	R	Õ	Ã	T	F	A	Ã	Q	I	P	P	N	T	K	Ç	T	S	U	R
T	J	V	E	Ç	E	C	A	X	O	C	C	S	N	I	T	A	P	K	R	C
S	T	A	H	M	F	S	A	I	V	E	X	Z	V	D	F	M	O	R	G	K
A	B	L	G	R	A	M	A	B	H	P	Y	E	Õ	A	Ã	W	E	E	P	V
L	R	O	K	M	N	P	S	A	T	S	I	P	L	W	Ã	B	L	L	O	P
P	Ç	G	U	Ç	Y	S	E	K	C	E	U	C	X	M	C	O	K	I	P	H

dominox temático

Com base no tema, preencha o diagrama abaixo, partindo da palavra-chave, sabendo que para letras iguais, números iguais.

Os adjetivos dos sobrenomes

caça-palavra

Zoológicos

Jardins **ZOOLÓGICOS** são encontrados em quase todas as **CIDADES**. Eles têm como objetivo a **PROTEÇÃO**, a preservação e a **PESQUISA** das **ESPÉCIES**, além de proporcionarem aos **VISITANTES** uma experiência **EDUCATIVA** com a oportunidade de conhecer algumas delas. As **CRIANÇAS** têm contato direto com animais **SELVAGENS**, geralmente oriundos de outros continentes.

O **DESMATAMENTO** e a poluição têm afetado sobremaneira o **HABITAT** de certos animais, e nos zoológicos eles encontram **VETERINÁRIOS** que cuidam de sua **SAÚDE** e alimentação. Muitos dos considerados em extinção conseguem se **REPRODUZIR** bem em **CATIVEIRO**, para depois serem devolvidos à **NATUREZA**.

X	N	D	W	Q	T	L	D	B	B	W
N	S	O	C	I	G	O	L	O	O	Z
P	S	B	O	P	C	Ç	Z	F	A	O
C	R	I	A	N	Ç	A	S	Z	O	B
Y	Y	K	T	K	A	W	Ç	J	F	V
Z	Ç	A	S	I	U	Q	S	E	P	J
E	S	D	Z	C	E	V	L	M	J	Ç
S	E	T	N	A	T	I	S	I	V	Y
P	F	J	W	A	V	R	A	X	X	A
E	M	L	N	A	C	V	S	R	W	Y
C	M	C	A	T	I	V	E	I	R	O
I	L	Z	T	F	D	D	P	Z	W	T
E	H	V	U	H	A	E	N	U	F	N
S	F	Y	R	F	D	J	F	D	R	E
T	X	U	E	F	E	Q	F	O	H	M
W	B	V	Z	T	S	E	Y	R	Z	A
S	C	S	A	P	A	S	O	P	Y	T
O	J	O	T	X	A	N	E	E	I	A
I	T	A	T	U	P	E	S	R	M	M
R	I	O	D	R	D	G	D	D	A	S
A	G	E	V	I	X	A	A	G	M	E
N	P	Y	M	M	K	V	Q	N	Q	D
I	J	Ç	N	Z	B	L	Z	I	U	O
R	J	P	R	O	T	E	Ç	Ã	O	J
E	T	M	D	X	M	S	K	W	F	A
T	I	K	W	B	L	D	N	S	Ç	O
E	C	U	F	O	C	H	J	Y	U	I
V	P	A	V	I	T	A	C	U	D	E
F	G	H	W	G	P	R	W	M	F	O
	D	T	A	T	I	B	A	H	R	

jogo dos erros

Embora os dois desenhos se pareçam muito, há, entre eles, SETE pequenas diferenças. Quais são?

caça-palavra

Cace o antônimo

Para testar o seu conhecimento, listamos aqui algumas palavras para que você descubra os seus opostos, isto é, os seus antônimos. Depois, é só caçá-los no diagrama ao lado.

Quente _ _ _ _

Claro _ _ _ _ _ _

Complicado S I M P L E S

Comum _ _ _ _

Dizer _ _ _ _ _

Estéril _ _ _ _ _ _

Grande _ _ _ _ _ _ _

Ligeiro _ _ _ _ _

Malicioso _ _ _ _ _ _ _

Ocupado _ _ _ _ _ _

Nascimento _ _ _ _ _

Novo _ _ _ _ _

Õ	E	R	Q	M	T	V	P	W	Ç
B	A	J	G	Ã	G	N	M	F	Ç
B	U	L	K	W	Õ	Ç	M	Ç	J
I	I	O	C	I	O	S	O	L	W
N	F	L	Ç	A	D	E	K	F	N
G	K	S	C	U	A	C	R	E	Y
E	I	F	G	M	R	I	P	Õ	S
N	C	M	F	J	O	O	Z	Z	I
U	O	I	V	W	P	A	R	Q	M
O	L	I	T	R	E	F	T	P	P
V	O	D	Õ	B	U	Õ	W	N	L
Q	A	H	B	R	Õ	D	R	H	E
D	L	Õ	A	D	U	J	G	Q	S
R	H	R	O	E	T	R	O	M	Ã
F	O	W	Y	G	B	U	Y	U	Q
Y	Ã	A	R	K	L	E	T	P	A
Õ	O	V	Y	A	Q	V	Ç	L	H
V	N	Y	Ç	Y	L	Q	D	E	T
J	E	F	L	G	P	A	P	N	S
M	U	Y	G	K	I	S	C	T	O
H	Q	D	Z	J	A	V	G	O	C
Ç	E	V	U	E	V	J	K	I	D
Ã	P	Õ	Õ	E	I	V	Z	W	Õ
K	T	L	L	X	R	N	T	L	R
Y	S	H	Z	O	R	U	C	S	E
B	O	V	H	Z	Q	T	Y	U	D
Ã	I	Q	S	P	Y	H	P	G	Ã

AÇÃO: CABANA

numerox

Partindo do exemplo impresso como dica, preencha o diagrama com os números dados a seguir, respeitando os cruzamentos.

3 dígitos	819	7551	70098	7 dígitos
111	873	8271	70927	1426211
171	930	8722	90019	~~1964508~~
250		9905		2772689
280	**4 dígitos**		**6 dígitos**	5162958
281	1021	**5 dígitos**	290696	
287	1256	11002	417119	**8 dígitos**
310	6378	13177	576355	19674155
549	6682	28515	665323	31323267
560	7061	47370		
724	7108	62275		

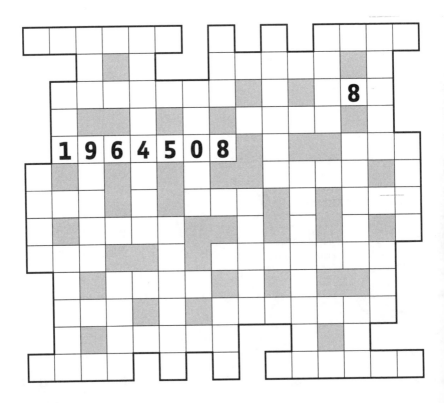

caça-palavra 33

Apolo

Apolo, na **MITOLOGIA** grega, é o deus da **JUVENTUDE** e da luz.

Filho de Zeus e de Latona, uma titã, desde bem pequeno demonstrou sua aptidão com o arco e a **FLECHA**. Ele era irmão **GÊMEO** de Ártemis, que, na mitologia romana, era **DIANA**, a **DEUSA** da caça.

Vivia na ilha de Delos junto com a mãe e a irmã, escondidos de Hera, a mulher de seu pai.

Com suas flechas, atacava os **MORTAIS**, infligindo a eles **DOENÇAS** e morte. Por outro lado, ~~APOLO~~ também era considerado um deus justo e que **CURAVA** pessoas doentes.

Em uma **DISPUTA** com **EROS** para ver qual flecha era mais **PODEROSA**, terminou por perder o amor de sua vida, Dafne. O deus do amor **DISPAROU** uma flecha com ponta de ouro no **CORAÇÃO** de Apolo e outra com ponta de **CHUMBO** contra a moça, fazendo com que ela repudiasse este.

ILUSTRAÇÃO: SAMURAI

J	A	Õ	Z	U	O	R	A	P	S	I	D	U	H	F	H	W	V	E	D	A
F	O	F	H	D	K	W	K	Z	Ç	I	Ç	N	W	E	Ã	A	G	J	Y	P
L	U	Ç	I	W	Q	S	D	D	I	S	P	U	T	A	L	V	V	E	G	O
Ã	Ã	A	C	Q	Õ	Ã	Q	P	R	A	Õ	X	J	P	D	A	B	D	A	L
Q	N	A	Ç	D	S	A	Ç	N	E	O	D	Õ	B	J	N	R	Q	U	U	O
A	D	X	K	N	Ç	Y	Z	C	A	Õ	N	D	E	X	K	U	Q	T	Õ	G
P	O	D	E	R	O	S	A	O	E	C	Ç	L	E	O	Q	C	N	N	J	A
C	F	G	Q	V	N	N	F	R	E	S	Z	L	K	U	F	C	G	E	U	P
R	L	T	E	K	H	Ã	I	A	K	R	H	Y	B	O	S	S	Õ	V	Y	Ã
Ç	E	Ç	J	M	W	J	F	Ç	V	G	O	E	Z	E	O	A	K	U	C	R
W	C	K	D	F	E	R	D	Ã	N	Ã	D	S	B	Õ	T	X	S	J	Q	P
V	H	W	P	F	Ã	O	Z	O	U	A	Y	F	O	Õ	O	B	M	U	H	C
O	A	M	O	R	T	A	I	S	I	H	M	Y	E	W	H	G	W	M	S	M
O	W	T	N	I	P	Ã	I	G	Y	A	I	G	O	L	O	T	I	M	Õ	P

34 problema de lógica

Resolva o passatempo, preenchendo o quadro. Coloque S (sim) em todas as afirmações e complete com N (não) os quadrinhos restantes (veja o exemplo). Para isso, use sempre a lógica, a partir das dicas.

Contratempos na cozinha

Maura e outras duas mulheres tiveram uma manhã agitada na cozinha. Enquanto preparavam o almoço, cada uma sofreu um contratempo. Mas, enfim, conseguiram aprontar tudo, e a família pôde saborear a refeição. A partir das dicas dadas, descubra o nome de cada mulher, o que estava cozinhando quando teve um problema e que contratempo foi esse.

1. Tatiana queimou a comida.

2. A mulher que fazia ensopado cortou o dedo.

3. Vilma estava fazendo empadão quando teve um problema.

		Prato			Problema		
		Arroz	Empadão	Ensopado	Cortou o dedo	Faltou gás	Queimou a comida
Nome	Maura						N
	Tatiana				N	N	S
	Vilma						N
Problema	Cortou o dedo						
	Faltou gás						
	Queimou a comida						

Nome	Prato	Problema

caça-palavra

Pelos na medida certa

Aqui vão algumas dicas para **FACILITAR** a tarefa de retirar os pelos da ~~SOBRANCELHA~~:

Deixe a **PELE** limpa, lavando-a com **ÁGUA** e sabonete.

Escolha um **LOCAL** bem iluminado.

Use pinça de **INOX**.

Para conseguir **FIRMEZA** e agilidade, opte pelo formato **SEXTAVADO** e segure a **PINÇA** como se estivesse escrevendo.

Se você costuma **SENTIR** dor, 20 minutos antes de **DEPILAR** a sobrancelha, aplique, na **REGIÃO**, algum creme à base de lidocaína ou **XILOCAÍNA**.

Para fazer apenas uma **LIMPEZA**, comece a operação de **FORA** para dentro. Se o desejo for fazer o **DESENHO**, comece de **DENTRO** para fora.

ILUSTRAÇÃO: FERNANDO

36 caça-palavra

Os invertebrados

O reino **ANIMAL** é dividido em vertebrados e **INVERTEBRADOS**, sendo que estes abrangem 97% de todas as **ESPÉCIES**.

Sua principal característica é a **AUSÊNCIA** de espinha **DORSAL**. Além disso, possuem formação **MULTICELULAR** e, portanto, tecido, com exceção das **ESPONJAS**. Sua reprodução normalmente é **SEXUADA**.

A maior parte dos invertebrados é capaz de se **LOCOMOVER**. Alimentam-se de outras espécies animais e também de **VEGETAIS**.

Fazem parte desse grupo **INSETOS**, lesmas, **COBRAS**, caracóis, **MINHOCAS**, sanguessugas, **ARANHAS** e **MOLUSCOS**.

									Ã	I
								I	X	H
	Z	D	Y	Q			H	Q	S	
	G	G	P	S		M	D	G	A	
	V	M	W	R		D	Z	F	C	
	S	H	Ç		F	I	Y	K	O	
	Q	R	C		V	O	R	I	Ã	H
	H	O		N	O	A	A	N	Ã	N
	L		Õ	K	L	Z	I	V	C	I
	Ã	A	D	A	U	X	E	S	M	
	O	S	R	X	O	E	W	R	A	O
	F	K	P	M	Õ	H	V	T	K	A
	V	A	J	O	L	B	W	E	Y	N
	R	R	R	L	D	L	A	B	L	I
	A	A	B	U	V	O	X	R	Z	M
	L	N	R	S	Ã	C	B	A	A	A
	U	H	Q	C	O	O	I	D	F	L
	L	A	Õ	O	Ç	M	O	O	Z	Y
	E	S	N	S	W	O	Ã	S	V	E
	C	E	A	I	A	V	A	A	Q	V
	I	A	I	C	N	E	S	U	A	S
	T	I	G	X	X	R	K	K	D	E
	L	R	I	N	S	E	T	O	S	I
	U	C	Q	P	Ã	S	R	A	Ã	C
	M	O	N	W	I	S	Z	D	E	E
	C	B	F	T	A	Z	X	I	Q	P
	M	R	W	L	N	I	L	X	U	S
	S	A	J	N	O	P	S	E	H	E
	D	S	V	E	G	E	T	A	I	S

caça-palavra

Muitos quilômetros de água

No topo da lista dos 10 maiores rios do mundo está o **AMAZONAS**, localizado na América do Sul, com sua **NASCENTE** no Peru e sua foz aqui, no **BRASIL**. Abaixo, apresentamos essa relação.

Amazonas – **AMÉRICA** do Sul
NILO – **ÁFRICA** Ocidental
CHANG Yian (ou Yangtze Kiang) – **CHINA**
Mississippi – Missouri – Red Rock – **ESTADOS** Unidos
YENISEI – Rússia
Ob-Irtysh – **RÚSSIA**
Huang Ho (ou rio **AMARELO**) – China
AMUR – Ásia
ZAIRE (Congo) – África **CENTRAL**
LENA – Rússia

```
S J K I R Y E O O E
A T Õ T C V T B C X
C O L E R A M A Y B
I O Y E Ç B S K R J
R Ã H A R C X A H Ç
F B B M Q F S Q P A
A I N E V I Õ A N Y
M J R R L D N X Ç H
A Q Ã I K E M I K R
N A S C E N T E L B
Y N A A H Y Õ S F O
F P I W M R S D Q L
S E S T A D O S Õ A
Ç U S X K U S N X R
Q L U K D Q P A C T
Y Ç R Q N L N M I N
E B Y B E T X A E E
N O Ç N A T N Z R C
I K A Õ B H R O H J
S G D R L G N N Q G
E O N N C H B A Ã S
I T G A Õ X Z S Y U
P A B B H G Ç J I A
J Y C H Ç C V V H N
D N Z O D I S A A I
X I A A H G M U O H
T I I Ã D U Ã Q T C
N O R M R F I A V Q
J R E T S Z M Õ L Ç
```

duplex

Quadro

Definição		1	2	3	4	5
Pessoa que fica presa, como penhor.	A	11	3		64	56
Título honorífico inglês.	B	24	19		40	33
Peça com que se dá corda em relógios.	C	47 **C**	5 **H**	**A**	25 **V**	61 **E**
Nascido no país cuja capital é Nova Delhi.	D	30	57		42	28
Cavidade aberta na terra para aproveitar a água de um lençol próximo à superfície.	E	38	48		41	
Fundador do Islamismo.	F	29	53		32	12
Patada que alguns quadrúpedes desferem.	G	8	14		60	21
Ponto central dos alvos.	H		9		18	39
A temperatura, nas cidades serranas.	I		34	1	58	23
Murmúrio; burburinho.	J		55	2	31	15
O povo que construiu Machu Picchu.	K		52	35	26	17
Cometer pecados; transgredir.	L		54	7		10
Cair com ímpeto e rapidamente; desabar.	M	27	45	16		
Alain (?), ator francês.	N	50	46	4		62
(?) de Caxias, o Patrono do Exército Brasileiro.	O	20	36	44		51
Vasilha grande para líquidos.	P	63	6	49		37
Parte anterior da cabeça; face.	Q	13	43	22		59

duplex

Responda às definições e passe as letras do quadro para o diagrama, de acordo com as coordenadas. Preenchido o passatempo, surgirão uma frase no diagrama e o nome do seu autor nas casas em destaque no quadro.

Diagrama

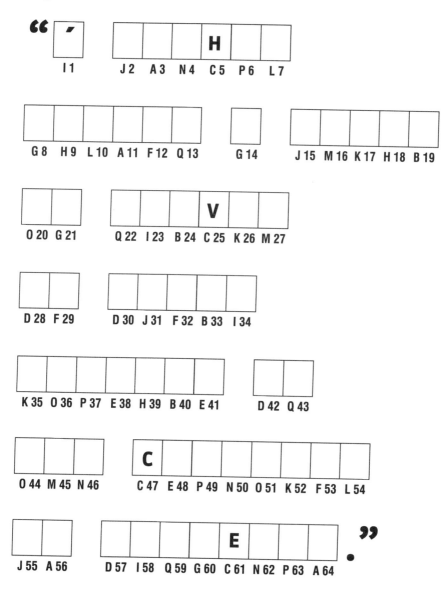

40 cruzadox

Partindo do exemplo impresso, preencha o diagrama de palavras cruzadas com os vocábulos das chaves.

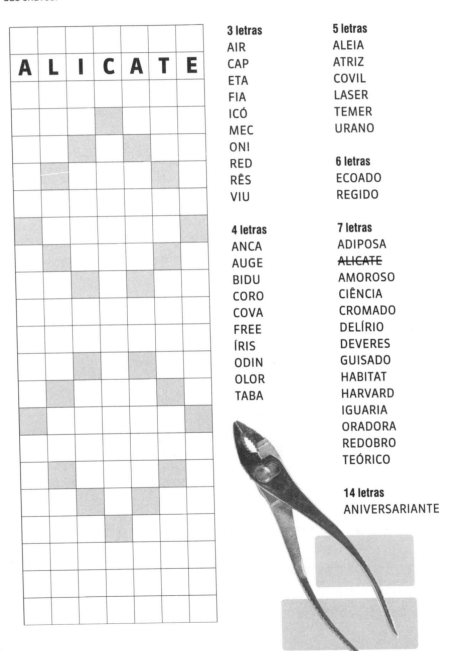

3 letras
AIR
CAP
ETA
FIA
ICÓ
MEC
ONI
RED
RÊS
VIU

4 letras
ANCA
AUGE
BIDU
CORO
COVA
FREE
ÍRIS
ODIN
OLOR
TABA

5 letras
ALEIA
ATRIZ
COVIL
LASER
TEMER
URANO

6 letras
ECOADO
REGIDO

7 letras
ADIPOSA
~~ALICATE~~
AMOROSO
CIÊNCIA
CROMADO
DELÍRIO
DEVERES
GUISADO
HABITAT
HARVARD
IGUARIA
ORADORA
REDOBRO
TEÓRICO

14 letras
ANIVERSARIANTE

caça-palavra

41

Babaganoush

Uma **RECEITA** típica da **CULINÁRIA** árabe é o babaganoush (pronuncia-se "babaganuche"). Consistindo em um preparado com ~~BERINJELAS~~ e pasta de **GERGELIM** (tahine), constitui um patê ótimo para servir nas reuniões de amigos, acompanhado por pão árabe ou torradas.

Asse 4 berinjelas grandes na **BRASA** (ou na chama do **FOGÃO**) até amolecerem e deixe que esfriem. Depois de frias, corte as **CASCAS** no sentido longitudinal e abra cada **LEGUME** ao meio. Retire a **POLPA** e despreze a fina casca que sobra. Amasse a polpa com um **GARFO**, acrescente 2 dentes de **ALHO** amassados e 2 colheres (de sopa) de **TAHINE**. Misture tudo até que a pasta fique homogênea. Tempere com o suco de ½ **LIMÃO** tahiti e sal a gosto. Enfeite com **SALSINHA** e **CEBOLINHA**. Esse antepasto, que também pode substituir **MANTEIGA** ou margarina na composição de **SANDUÍCHES**, dura até uma semana na geladeira.

R	C	E	N	I	H	A	T	N	X	F	O	G	Ã	O	M	U	Y	F	I	Q	H
R	R	Q	A	U	U	S	W	O	P	A	A	U	A	L	E	G	U	M	E	I	R
E	A	B	J	U	M	I	L	E	G	R	E	G	U	C	U	O	Q	B	K	S	N
U	B	E	R	E	A	E	J	A	S	E	H	C	I	U	D	N	A	S	U	A	B
I	D	R	O	C	N	A	C	D	V	Y	O	P	L	A	V	P	L	Z	U	L	E
E	N	I	X	Y	T	I	E	U	A	N	A	W	U	B	R	A	S	A	Z	S	D
I	S	N	B	E	E	U	B	A	O	A	P	O	A	O	O	O	Z	P	G	I	U
L	S	J	B	C	I	N	O	A	G	I	H	V	G	C	A	D	W	L	I	N	O
I	K	E	I	L	G	A	L	M	U	L	U	L	W	B	S	R	O	O	W	H	F
M	K	L	Y	U	A	X	I	M	A	A	J	B	Z	D	G	C	L	P	X	A	R
Ã	O	A	Z	W	C	Q	N	F	L	O	K	A	T	I	E	C	E	R	U	A	A
O	O	S	O	A	A	G	H	L	U	E	U	F	A	O	S	D	I	A	U	U	G
M	A	U	S	A	C	S	A	C	D	A	C	U	L	I	N	A	R	I	A	U	U

jogo da memória

Você tem boa memória? Tem? Ótimo. Que tal colocá-la à prova?
Olhe atentamente o desenho abaixo, por 3 minutos, para depois responder às 10 perguntas. Se você acertar todas, eta memoriazinha fotográfica! Se acertar 7, sua memória está mais ou menos. Acertando de 3 a 1, não chega a ser um caso grave, mas um repouso cairia bem. Agora, se você não acertar nenhuma, tente ao menos lembrar o seu nome. Esqueceu?! Puxa!

ILUSTRAÇÃO: AMORIM

Responda a estas perguntas tapando a ilustração com uma folha de papel e virando a página de cabeça para baixo.

Perguntas:

1. Existem três árvores na rua?
2. O cachorro está latindo?
3. O automóvel se move em direção contrária à bicicleta?
4. O bueiro está com a grade de proteção?
5. É uma janela que aparece na casa?
6. Há sacos plásticos perto da lata de lixo?
7. Há um homem sentado no muro?
8. O homem da bicicleta está usando boné?
9. Aparece um pássaro na cena?
10. Você vê duas pipas no céu?

caça-palavra 43

Deveres na internet

Se você acha que utilizar a ~~INTERNET~~ para fazer o que quiser é **CORRETO**, está redondamente **ENGANADO**. A web permite muitas **FACILIDADES**, mas seu uso deve ser feito com responsabilidade e **RESPEITO**.

Por exemplo, não se pode divulgar a **IMAGEM** de alguém sem a devida **AUTORIZAÇÃO**, assim como acontece com as **MÚSICAS** que são **ENVIADAS** ou postadas. De igual modo, e-mails **OFENSIVOS**, acusações, **AMEAÇAS** e propagação de **VÍRUS** também estão entre as **INFRAÇÕES** digitais, o que significa que podem gerar problemas **LEGAIS** e jurídicos, caracterizando **CRIME** cibernético.

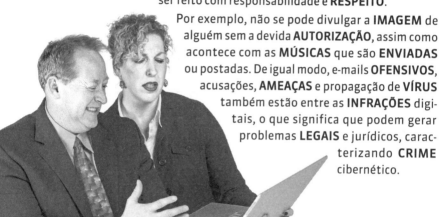

I	U	A	S	L	T	A	I	B	R	E	S	P	E	I	T	O	X	A	Q	L	S
O	A	S	A	C	I	S	U	M	I	G	Y	U	B	V	G	F	Q	M	W	I	I
U	O	Z	D	I	J	Z	U	O	L	U	X	C	R	I	M	E	Y	E	R	B	A
G	Ã	F	A	O	A	Q	I	I	B	B	U	L	A	U	I	N	B	A	E	Y	G
E	Ç	A	I	E	O	W	I	N	T	E	R	N	E	T	M	S	K	Ç	U	I	E
L	A	D	V	E	T	O	Z	A	I	U	G	E	Z	I	O	I	J	A	U	N	L
U	Z	Y	N	N	E	U	M	E	G	A	M	I	E	D	G	V	A	S	Z	F	B
F	I	A	E	Y	R	O	D	V	C	P	U	O	V	M	A	O	F	E	D	R	I
U	R	L	F	L	R	F	O	D	A	N	A	G	N	E	S	S	I	V	I	A	A
O	O	J	A	L	O	D	I	Z	A	M	P	I	F	Z	Z	L	I	Q	Y	Ç	K
H	T	Q	F	A	C	I	L	I	D	A	D	E	S	E	Y	R	M	H	S	Õ	F
Z	U	M	T	A	A	A	U	G	C	I	F	J	O	Z	U	K	A	H	B	E	W
A	A	Q	S	U	V	I	E	G	A	Y	O	U	U	S	I	K	T	M	E	S	T

caça-palavra

21 minutos a mais

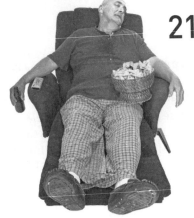

Você é daqueles que adora passar o dia **SENTADO**, quem sabe assistindo à TV, comendo **BISCOITOS** e tirando alguns ~~COCHILOS~~ durante os intervalos das novelas?

Se este é o seu caso, é bom **CONHECER** uma pesquisa desenvolvida pela Universidade de Queensland, que contou com 12 mil participantes **AUSTRALIANOS**. De acordo com o estudo, cada hora que um **INDIVÍDUO** passa sentado reduz sua **EXPECTATIVA** de vida em 21 **MINUTOS**.

Uma possível **EXPLICAÇÃO** para os resultados pode ser a falta **PROLONGADA** de contrações dos **MÚSCULOS** das pernas. Isso significa que se você não é daqueles que passa o dia **ASSISTINDO** à TV, mas fica sentado em frente ao **COMPUTADOR**, ainda que trabalhando, corre o mesmo **RISCO**.

Uma boa **OPÇÃO** é levantar-se a cada 30 minutos, seja para alongar-se, tomar um **COPO** de água ou **CONVERSAR** com alguém.

```
Z S O T U N I M X C I
R A S R E V N O C A I
U D H S X O U P B M Z
X A K O T Q R D S A O
E G Q X S J O O O B C
O N A O E X D U N A S
A O M G N T A F A D I
R L T I T Q T Q I A R
S O E R A H U I L E A
E R M L D M P A A A V
L P O D O O M U R X I
C X B U A I O J T J E
O D I O U G C I S O X
P F S D X E A E U G P
Ç U C N R A F A A W L
Ã O O I Q O V S I A I
O E I T N T P Y P U C
M O T S I T I O Z F A
I Y O I Y I U E C O Ç
F U S S A T D A E C Ã
C A B S I E I Z U U O
O O S A N L X A E E Q
N I Y B O U F C B I O
H A A M U S C U L O S
E H U B U Y E I J M A
C P E Q O L O T T J E
E X P E C T A T I V A
R O I T V U A O C I B
O I N D I V I D U O E
E O C O C H I L O S A
```

caça-palavra 45

Você sabe a diferença entre **ACIDENTE** e incidente?
Acidente refere-se a algum acontecimento **INDESEJÁVEL** que resulta em **PERDA** ou dano, como, por exemplo, gasto de **TEMPO**, morte, **DOENÇA**, sofrimento ou rombo **FINANCEIRO**.
No caso do incidente, a ocorrência é **CASUAL**, modifica o **ANDAR** de uma **SITUAÇÃO**, porém sem consequências **INFELIZES**.
Para exemplificar, se um ~~OBJETO~~ cai no chão mas não é **DANIFICADO** nem causa **PREJUÍZO** a alguém, tem-se um **INCIDENTE**. No entanto, se quebrar ou provocar ferimento, considera-se o fato um acidente.

```
D U C P E T F I N A N C E I R O I A Y K F O
K U A O I U U N W A I U U E Q O I K V A K Ã
Y S S Q O R E D G A O M P R E J U I Z O F Ç
O Y U U F P I E X M U X Z Z A X O P O U E A
T A A D R O A S V D O E N Ç A T D S S U A U
E U L A H X A E A X P G C U B I Y W I S C T
J A A N I P O J B M M U H I E P C S B E I I
B J A I I E Y A E E E O A A A A G K J Z D S
O A L F T R Y V O U T V K W N U V O K I E A
R J A I U D O E A A I Q U W U D U A U L N R
W J D C A A H L A E Y A H C S R A A A E T B
L N X A A V C U I E C A E O O Q X R F F E U
W Q O D O F I N C I D E N T E Y U A U N N K
A O A O T D U U A U A M S K F I W C F I H V
```

dominox temático

Com base no tema, preencha o diagrama abaixo, partindo da palavra-chave, sabendo que para letras iguais, números iguais.

Mulheres famosas

Zélia **GATTAI** – escritora brasileira

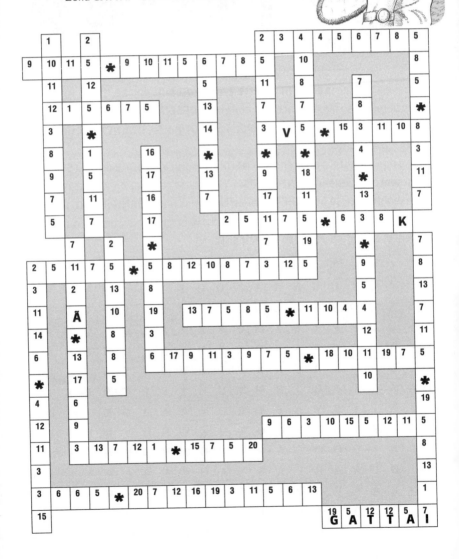

caça-palavra

Sem pelos e sem problemas

Os adeptos da **DEPILAÇÃO** que preferem **PREPARAR** sua própria cera precisam **OBSERVAR** alguns detalhes:

CERA industrializada
- Pode ser certificada pela **ANVISA**.
- É mais **EFICIENTE**, pois em sua composição há **BREU**, que proporciona a **TEXTURA** ideal e a capacidade de **ADERIR** em todos os **PELOS**.

Cera **CASEIRA**
- Tem a desvantagem de não se saber a **PROCEDÊNCIA** das matérias-primas utilizadas em seu **PREPARO**.
- Se a **RECEITA** contiver **LIMÃO**, é necessário ter o cuidado de não **TOMAR** sol após aplicá-la.

ILUSTRAÇÃO: LUIMAR

```
X H O Y O A I F I K R A V R E S B O Y A U E
E O Ã U Ã Y P R E P A R A R S O D O V N N F
A O M I Ç I E I A S Q I A W A A O M F V G I
R Q I Y A E I R A O A A O U I I I T U I U C
U G L A L O A E S P E L O S E C O C X S K I
T U R C I I G D U A P D T O H N U X U A I E
X P A I P G B A K P A W A U I E O A Q N C N
E D S G E K B I O A X R U M B D I R O O E T
T C B C D N U E P O E D U A A E I I F R F E
W O A R O K E O F C A E A U M C A E U A M E
B B A A A A U D E A C T L T E O E S C P Q A
K R S O U I R E C E I T A B O R A A I E T N
V A E J O V W Z I X P U A T A P V C O R S O
A A I U J F U Q K R A M O T Q O W A O P D K
```

48 dominox

Preencha o diagrama, respeitando os cruzamentos, com as palavras em destaque nas chaves. (Considere o ASTERISCO e o HÍFEN como letras, quando houver.)

Lázaro Ramos

FOTO: GLOBO FILMES

4 letras
"Zumbi" (PEÇA de 1995)

5 letras
"Cinderela Baiana" (filme em que ATUOU, em 1998)
"Sabor da Paixão" (FILME de 2000)

6 letras
"CABARÉ da Raça" (peça de 1998)
CINEMA (estreou em 1995)
"Cobras & Lagartos" (NOVELA de 2007)
ELEITO um dos 100 brasileiros mais influentes (2009)
Estudou Teatro na ESCOLA
NASCEU em 1978
UNICEF (é embaixador)

7 letras
"O Homem que ~~COPIAVA~~" (filme de 2003)
"Ó*PAÍ,*Ó" (filme de 2007)

8 letras
ESCREVEU o livro "A Velha Sentada"
Nasceu em SALVADOR (BA)

9 letras
"CARANDIRU" (filme de 2003)
"DECAMERÃO — A Comédia do Sexo" (série de 2009)

caça-palavra

Ciclopes

Seres mitológicos da **GRÉCIA** Antiga, os ciclopes eram gigantes de apenas um olho e força descomunal. Sua **ORIGEM** é creditada aos esqueletos de **CRÂNIOS** de elefantes encontrados pelos gregos, nos quais havia um único **ORIFÍCIO** grande e central, provavelmente no lugar da **TROMBA**, e que foi interpretado como sendo de um ~~MONSTRO~~ de um olho só. Eles estão divididos em três diferentes **ESPÉCIES**: os urânios, filhos de Urano e **GAIA**; os sicilianos, filhos de Poseidon; e os construtores, originários do território da Lícia. Os ciclopes foram **PERSONAGENS** de diversos livros de autores da Antiguidade. Um exemplo é o poema épico grego "A Odisseia", de **HOMERO**, no qual aparece a figura de Polifemo, ciclope que é alimentado pelo **HERÓI** Odisseu (Ulisses).

Polifemo estaria ligado à espécie dos **SICILIANOS**, considerados selvagens, poderosos e com o hábito de se alimentarem de **PLANTAS**, animais e carne humana. Os ciclopes mais antigos, Arges, **BRONTES** e Estéropes, seriam oriundos dos urânios. Já os construtores, apesar da **FORÇA** física, não apresentavam comportamento **VIOLENTO**. A eles são atribuídos **TRABALHOS** que desafiavam a própria capacidade **HUMANA**, como a construção das **MURALHAS** que protegiam as cidades de Tirinto e Micenas.

O	R	E	M	O	H	K	L	P	O	R
K	B	T	Z	Z	X	F	V	C	R	T
E	N	T	U	J	A	T	I	T	I	A
M	G	R	O	Z	I	I	O	D	F	S
E	P	O	X	T	O	Q	L	O	I	Y
G	O	M	A	Y	R	C	E	R	C	E
I	Q	B	E	U	T	B	N	X	I	Y
R	I	A	Z	Y	S	A	T	L	O	X
O	V	A	F	E	N	I	O	O	F	A
U	E	C	O	S	O	U	I	B	I	B
A	X	Z	D	P	M	P	U	N	K	R
I	A	I	A	E	U	W	U	W	S	O
B	G	R	E	C	I	A	Y	P	O	N
E	I	F	U	I	I	Z	I	I	J	T
X	U	O	P	E	E	O	E	A	R	E
O	S	R	W	S	A	P	I	E	T	S
F	A	Ç	U	V	S	A	I	I	O	W
X	O	A	M	A	G	R	O	E	A	G
H	A	U	I	E	F	T	T	S	J	S
U	A	O	A	I	C	A	R	N	O	I
M	I	O	U	L	H	R	A	E	O	C
A	Z	E	J	E	W	J	B	G	A	I
N	T	P	R	A	Q	V	A	A	K	L
A	O	O	Y	E	U	U	L	N	E	I
I	I	L	B	C	O	O	H	O	H	A
J	X	C	A	A	K	A	O	S	T	N
M	U	R	A	L	H	A	S	R	I	O
S	A	T	N	A	L	P	P	E	I	S
O	O	P	B	Q	Y	R	A	P	E	L
R	C	R	A	N	I	O	S	W	Z	V

ILUSTRAÇÃO: GENARO

50 numerox

Partindo do exemplo impresso como dica, preencha o diagrama com os números dados a seguir, respeitando os cruzamentos.

3 dígitos
114
130
138
189
220
255
331
479
507
532
608
651
659
689
822
829
904
908

4 dígitos
1992
2066
7454
9190

5 dígitos
25232
71254
81810

6 dígitos
398670
468660
604861
654164
750263
843502

7 dígitos
0678502
3621863
3812165
4722373
5256755
7908908
8568307
9931460

9 dígitos
195824348
256097337
298956374
549132258
580801144
668969415

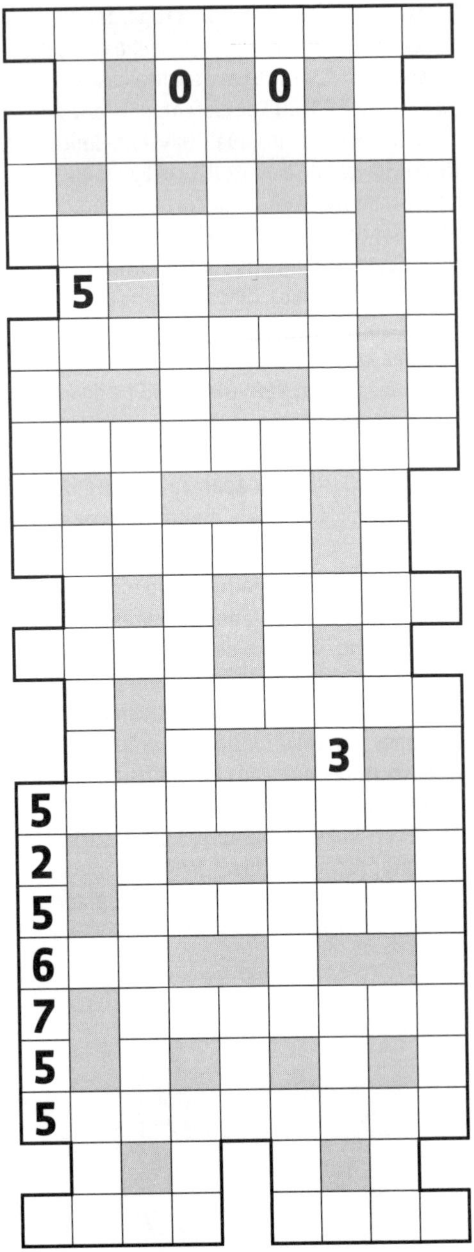

caça-palavra 51

Tão pequenas e dolorosas

Quem nunca se sentiu incomodado com as indesejáveis **AFTAS**, aquelas pequenas lesões que surgem na **CAVIDADE** oral afetando a **MUCOSA** bucal, as gengivas e a **LÍNGUA**? Elas se caracterizam pelo formato oval, branco-amarelado, com as bordas **VERMELHAS**. Embora sejam mais comuns em **CRIANÇAS**, podem ocorrer em pessoas de todas as idades. O nome dado a essas ulcerações tem origem **GREGA** e significa: "eu queimo, incendeio, ardo". As aftas doem bastante porque deixam exposto o tecido **CONJUNTIVO**, rico em vasos **SANGUÍNEOS** e nervos. Elas podem durar, aproximadamente, dez dias e cicatrizam sem deixar **MARCAS**. Suas causas são ainda desconhecidas, porém fatores como sistema **IMUNOLÓGICO** debilitado, **ESTRESSE**, hereditariedade, deficiência **NUTRICIONAL**, tensão pré-menstrual e ingestão excessiva de alimentos **ÁCIDOS** e alguns remédios podem provocar o aparecimento dessas **FERIDAS**. Embora as aftas pequenas não precisem de **TRATAMENTO**, medicamentos tópicos, como anti-inflamatórios e **ANALGÉSICOS**, podem ser aplicados para diminuir o **INCÔMODO**. Entretanto, se elas demorarem muito para cicatrizar, forem grandes e **FREQUENTES** demais, o melhor a fazer é procurar um **MÉDICO**.

ILUSTRAÇÃO: FERNANDO

E	G	A	I	A	F	T	A	S	S	S	E	T	N	E	U	Q	E	R	F	F	R
U	A	U	G	N	I	L	Y	I	R	B	A	E	S	A	D	I	R	E	F	L	A
U	Z	I	N	C	O	M	O	D	O	Z	N	U	T	R	I	C	I	O	N	A	L
U	A	S	O	C	U	M	A	N	E	S	G	V	U	Q	O	X	D	T	I	N	A
S	I	L	X	C	A	V	I	D	A	D	E	E	A	R	A	O	I	N	O	A	C
A	M	E	S	T	R	E	S	S	E	R	E	O	K	F	D	V	Q	E	U	L	R
N	O	I	E	J	W	O	D	O	C	G	E	E	E	I	J	E	A	M	F	G	I
G	H	O	C	I	G	O	L	O	N	U	M	I	U	O	O	R	O	A	A	E	A
U	A	A	E	L	R	A	A	S	T	E	S	B	O	P	U	M	O	T	B	S	N
I	F	B	C	O	N	J	U	N	T	I	V	O	L	G	E	E	O	A	A	I	Ç
N	N	X	O	U	C	L	V	Q	S	D	A	A	R	W	T	L	W	R	O	C	A
E	E	Y	M	E	D	I	C	O	P	A	A	E	U	R	I	H	I	T	Y	O	S
O	A	A	K	F	U	A	B	U	A	Z	G	Z	E	R	X	A	W	H	Z	S	I
S	O	D	I	C	A	V	N	A	S	A	U	O	A	E	A	S	A	C	R	A	M

52 criptograma

Para letras iguais, símbolos iguais. Resolvido o passatempo, surgirão, nas casas em destaque, dois sintomas físicos da TPM.

Clue							
Ponto a ser julgado.	[envelope]	[command]		[fish]	[pencil]	[clock]	[arrow]
Cidade-sede dos Jogos Olímpicos de 2012.	[cross]	[arrow]		[spade]	[house]	[umbrella]	[fish]
Ofensa à dignidade ou ao decoro de alguém.	[pencil]	[smiley]		[command]	[house]	[pencil]	[heart]
Enfeitar o jardim.	[scissors]	[cross]		[house]	[umbrella]	[heart]	[house]
Ato de quem só se preocupa consigo.	[umbrella]	[hourglass]		[pencil]	[fish]	[car]	[arrow]
Abrir a boca em sinal de tédio.	[star]	[arrow]	[triangle]		[moon]	[heart]	[house]
(?) Branco, político brasileiro.	[triangle]	[heart]	[fish]	[clock]		[cross]	[arrow]
Ex-república soviética cuja capital é Riga.	[cross]	[umbrella]	[clock]	[arrow]		[pencil]	[heart]
Figurar na imaginação.	[spade]	[umbrella]	[star]	[command]		[heart]	[house]
Embarcação nordestina para pesca.	[moon]	[heart]	[smiley]	[hourglass]		[spade]	[heart]
Maneira de abordar um assunto.	[umbrella]	[smiley]	[scissors]	[arrow]		[command]	[umbrella]
Próprio do macho; viril.	[car]	[heart]	[fish]	[triangle]		[cross]	[arrow]
Vareta de madeira para tocar tambores.	[star]	[heart]	[envelope]	[command]		[clock]	[heart]
Mayra Aguiar e Rafaella Silva (esporte).	[moon]	[command]	[spade]	[arrow]		[heart]	[fish]
Gravado por câmera de vídeo.	[scissors]	[pencil]	[cross]	[car]		[spade]	[arrow]

caça-palavra

Tae kwon do

Arte **MARCIAL** originária da **COREIA** do Sul, foi criada por um general em 1955.

O significado das palavras "Tae ~~KWON~~ Do" é "**CAMINHO** dos pés e das mãos". Apesar de ser uma luta, possui uma **FILOSOFIA**: valorizar a **PERSEVERANÇA**, a integridade, o autocontrole, a cortesia, o **RESPEITO** e a lealdade.

Os **PRATICANTES** desse **ESPORTE**, assim como em outras **ARTES** marciais, mudam de nível de acordo com sua experiência, tendo **FAIXAS** de várias **CORES** para determinar o grau em que se encontram.

A vestimenta usada pelos atletas chama-se **DOBOK**. Além dela, também são exigidos equipamentos de **PROTEÇÃO** para a cabeça, o **TÓRAX**, a região genital e as pernas.

O tae kwon do chegou ao Brasil nos anos 1970, porém tornou-se esporte **OLÍMPICO** apenas nos jogos de Sydney, na Austrália, em 2000.

ILUSTRAÇÃO: GENARO

I	I	B	E	E	V	U	O	P	E	A	C	G	R	J	A	I	A	R	T	E	S
W	A	A	I	E	R	O	C	G	S	P	A	F	P	A	X	O	X	X	A	D	X
L	E	Y	J	X	H	I	A	U	P	E	M	A	E	E	T	L	V	A	A	C	A
L	D	P	R	O	T	E	Ç	Ã	O	H	I	D	R	A	U	I	Y	X	M	O	C
A	X	O	A	E	T	W	C	A	R	F	N	K	S	U	F	M	A	A	A	H	K
C	O	R	E	S	C	I	B	I	T	F	H	S	E	P	M	P	U	R	M	E	W
F	T	U	U	A	G	I	V	U	E	A	O	O	V	T	U	I	E	O	A	S	O
M	I	W	A	E	A	M	G	G	A	I	I	O	E	U	S	C	V	T	R	D	N
W	E	F	U	I	O	Y	D	Y	G	X	O	O	R	M	J	O	E	F	C	I	S
S	P	U	F	R	I	O	V	F	O	A	A	B	A	A	H	N	U	F	I	O	K
J	S	R	A	F	B	E	A	E	Q	S	T	R	N	E	E	Q	I	P	A	U	T
U	E	U	O	O	L	A	O	F	U	Q	Z	I	Ç	E	I	O	I	I	L	S	C
L	R	D	K	E	U	A	P	R	A	T	I	C	A	N	T	E	S	F	A	E	L
A	O	E	I	V	S	K	G	C	U	A	C	A	I	F	O	S	O	L	I	F	A

problema de lógica

Resolva o passatempo, preenchendo o quadro. Coloque S (sim) em todas as afirmações e complete com N (não) os quadrinhos restantes (veja o exemplo). Para isso, use sempre a lógica a partir das dicas.

Tudo por uma foto

Bernardo, Cláudio e Sandro são fotógrafos. Eles trabalham para jornais e revistas registrando personalidades da Política, do Cinema e da Televisão. Esta semana, cada um deles usou meios extremos para fotografar uma pessoa famosa. A partir das dicas abaixo, descubra o que cada profissional fez para conseguir uma foto e a personalidade que clicou.

1. Sandro usou um disfarce para fotografar uma pessoa famosa.

2. Cláudio fotografou uma cantora pop.

3. Um deles alugou um barco para conseguir fotografar uma atriz.

		Atriz	Cantora pop	Político	Alugou um barco	Usou disfarce	Voou de helicóptero
Fotógrafo	Bernardo					N	
	Cláudio					N	
	Sandro				N	S	N
Estratégia	Alugou um barco						
	Usou disfarce						
	Voou de helicóptero						

Fotógrafo	Personalidade	Estratégia

caça-palavra

Vale do Loire

Distante 132 km de Paris, o Vale do **LOIRE** é uma região francesa repleta de castelos que remetem aos contos de **FADAS**.

O lugar, de aproximadamente 800 km², que margeia os rios Loire, Indre e **CHINON**, começou a receber essas **CONSTRUÇÕES** entre os séculos XV e XVIII. Os primeiros a chegar foram as **DINASTIAS** Bourbon e Valois.

Os **PALÁCIOS** mais visitados pelos cerca de quatro milhões de pessoas que vão até lá todos os anos são: **CHAMBORD**, Chenonceau, **VILANDRY**, Château d'Amboise, **CHEVERNY** e Azay-le-Rideau. Além da **VISITAÇÃO**, em muitos castelos é possível se **HOSPEDAR**.

A região também é conhecida pela boa **GASTRONOMIA**, os **VINHOS** e os **QUEIJOS**, sobretudo o de cabra.

A melhor **ÉPOCA** do ano para passear pelo Vale do Loire é entre março e outubro.

U	D	E	S	G	O	G	L	O	I	R	E	E	N	P	A	L	A	C	I	O	S
A	R	J	A	E	I	Z	B	J	A	T	Q	G	E	P	M	Q	A	W	A	V	E
L	O	V	I	L	A	N	D	R	Y	A	B	M	H	O	S	P	E	D	A	R	Õ
I	B	O	T	A	V	K	W	S	L	X	A	E	H	O	E	A	C	V	I	O	Ç
T	M	P	S	A	K	B	E	O	F	I	X	I	I	A	U	O	A	Y	M	E	U
N	A	I	A	A	S	W	I	T	J	A	T	A	C	A	I	O	S	I	O	A	R
U	H	O	N	I	V	Q	C	U	L	E	D	A	P	Y	I	U	O	D	N	A	T
K	C	I	I	W	I	A	H	R	R	A	U	A	B	O	R	U	J	E	O	I	S
B	I	E	D	T	N	U	E	Y	C	O	N	K	S	S	B	U	I	U	R	F	N
A	A	G	L	C	H	I	V	S	O	O	C	C	N	K	E	V	E	R	T	I	O
U	C	E	Q	A	O	E	E	H	Y	U	A	A	O	I	Q	X	U	L	S	N	C
H	O	A	O	D	S	I	R	E	E	C	H	I	N	O	N	U	Q	J	A	J	O
A	P	A	U	P	V	L	N	A	A	E	E	F	G	O	B	S	R	K	G	G	N
A	E	Q	J	I	X	E	Y	O	V	I	S	I	T	A	Ç	Ã	O	M	I	D	I

56 gêmeos

São dois diagramas simétricos iguais e uma relação de palavras que devem ser encaixadas em ambos. Uma palavra está impressa em cada um. À medida que for resolvendo, você descobrirá em que diagrama devem ser escritas as palavras da lista. No final, metade das palavras foi para um diagrama e a outra metade, para o outro.

3 letras
AÇO
ALI
ASA
AVE
BEM
CLÃ
CÓI
EBÓ
ELI
IMO
ITU
MAU
MÊS
NUA
ONU
RUM
SET
SIC
TIA
TOM

4 letras
ÁGIO
AQUI
DEUS
FREI
OLHO
OITI
SETE
SUEZ

5 letras
ELEPÊ
HASTE
INCAS
PEIXE
PRIMO
RIVAL
TATUÍ
VINTE

6 letras
APREÇO
ARGOLA
CAPITU
DEVOTO
~~ESCADA~~
ESPUMA
FARELO
GÉLIDA
OCLUSO
OLIMPO
PREVER
PUNHAL
QUEIXA
SOPAPO
~~TRATOR~~
VELAME

7 letras
ATENUAR
CENTAVO
MARISCO
PINTURA

8 letras
BERI BÉRI
CRUZADOR
LENHADOR
LEOPARDO
MEIRELES
PARABÉNS
SABATINA
SERVIÇAL

10 letras
APOCALIPSE
ESPECTADOR
HEMISFÉRIO
SEQUESTRAR

11 letras
ASSISTÊNCIA
COMPRIMENTO
DEDICATÓRIA
FIGUEIRENSE

gêmeos

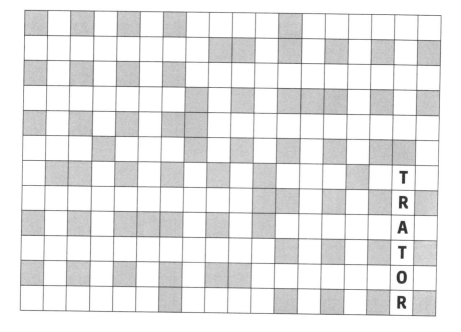

torto

ÁGAR

Devem-se formar as palavras seguindo em todas as direções, sempre ligando as letras em sequência direta, sem cruzar, sem pular e sem repetir letra (para que uma palavra tenha letra repetida, é necessário que essa letra também esteja duplicada no diagrama). Damos como exemplo uma palavra encontrada no diagrama. Só valem palavras de QUATRO letras ou mais. Na solução, constam 30 palavras formadas com este diagrama, mas, se você formar outras tantas, parabéns! Você tem um alto conhecimento de nosso vocabulário.

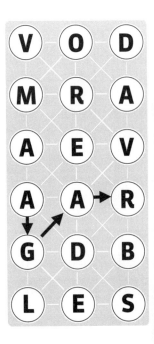

caça-palavra

Lesões nada virtuais

Já se foi o tempo em que **JOGAR** games durante horas representou ficar com os dedos todos **CALEJADOS**. Hoje, a conversa pode ser outra: o inofensivo **VIDEOGAME**, se mal administrado, supervisionado ou usado, pode trazer sérios danos à **SAÚDE**. É o caso do **CONSOLE** da Nintendo, o WII. O aparelho inovou o mundo dos jogos no final de 2006 por dedicar o seu conteúdo à **SIMULAÇÃO** de movimentos. Muitos jogos de esportes foram desenvolvidos, como os de tênis, **BEISEBOL**, golfe, boxe e outros. A ideia seria perfeita se não provocasse **RISCO** de **TENDINITE**. É necessário dosar o **ESFORÇO** e o tempo submetidos a essa atividade; do contrário, o jogador pode sofrer o mesmo tipo de **LESÃO** que um **ATLETA** em situação real de **EXERCÍCIO**. Sem a devida precaução, os usuários do WII se expõem a problemas nos **OMBROS**, cotovelos, joelhos, colunas e até mesmo nos tornozelos.

```
X F K D K W C O S Q E T M O E Q Ç V Ç T F J
K C O N S O L E Z Z S C P N C Y D M J D D R
N A Z W S K E L K A T E L T A S E O T M O O
O L I Y E V A L U E H X A Ç L B G G Q C Z I
C E D R E M A G O E D I V Q I A I E D R V C
D J D Z C H X N J C K W B V R V O L Q O R I
R A H U H G R Z N K A U O W B L L C G Ã S C
Ç D B H A N T Z S O R B M O V X O I I Ç Ç R
Z O W Ç Ç S I E E S O I R Z P O B R N A U E
U S T Ç J M J E S F O R Ç O E L E H E L Q X
G S S G K Y R B S F S M T M S V S P R U T E
N Z K O Ã S E L L H Q O B O C S I R Z M T H
Z T W H W Y E S F Z I A Y Y A Y E V T I T L
U T E N D I N I T E X C S V Ç D B Ç S S K W
```

caça-palavra

Drummond em frases

Veja alguns pensamentos do nosso poeta Carlos Drummond de Andrade.

- "Ser ~~FELIZ~~ sem motivo é a mais **AUTÊNTICA** forma de felicidade."
- "Ninguém é igual a ninguém. Todo ser **HUMANO** é um **ESTRANHO** ímpar."
- "Há duas épocas na vida, **INFÂNCIA** e **VELHICE**, em que a felicidade está numa caixa de bombons."
- "No **ADULTÉRIO**, há pelo menos três pessoas que se enganam."
- "Não é **FÁCIL** ter paciência diante dos que têm **EXCESSO** de paciência."
- "**ADÃO**, o primeiro espoliado – e no próprio **CORPO**."
- "**ETERNO** é tudo aquilo que dura uma fração de **SEGUNDO**, mas com tamanha **INTENSIDADE**, que se petrifica."
- "A conquista da liberdade é algo que faz tanta **POEIRA**, que, por medo da **BAGUNÇA**, preferimos, normalmente, optar pela arrumação."
- "O melhor **REMÉDIO** contra a **SAUDADE** é a falta de memória."
- "**DEMOCRACIA** é a forma de governo em que o **POVO** imagina estar no poder."

```
O N R E T E O C H E N
J F E B U E A N A B D
A I C N A F N I P Q E
Ç Z Y E U F O Z U D M
N A A F L I C A F S O
U E O R E U H B Z H C
G U I Q B O G T O S R
A O D O V J P U U I A
B T Z O I Z D A U H C
E G P I U I D N O U I
C E V K U Ã Y U I G A
V I U E O L N Q D E O
V H V F W I N U E A M
E A K E B A A L M S A
L I O S S E C X E E T
H R A L T E I E R A B
I N T E N S I D A D E
C H Q H B P J E F W A
E S A U T E N T I C A
G I A Z E Z D P F A I
P Y A E S T R A N H O
O J V E E O F H P O I
E I X C B H A F Q A R
I E I O T U K E U S E
R D A R M M P L C P T
A A E P O A A I M A L
K D P O S N D Z O O U
A U E E A O A S E A D
Z A U Y N I A W B B A
I S G O D N U G E S A
```

caça-palavra

Melhor que o original

Hollywood adora fazer refilmagens, e, às vezes, as novas versões saem melhor que o original, pelo menos segundo a opinião dos leitores do site ew.com. Confira.

- "A ~~MOSCA~~" (1986), de David Cronenberg, é refilmagem do longa de 1958.
- "**BRAVURA** Indômita"(2010), dos irmãos **COEN**, relê o filme de 1969, com John Wayne.
- "**MADRUGADA** dos **MORTOS**" (2004) é remake de "**ZOMBIE** — O Despertar dos Mortos" (1978), de George **ROMERO**.
- "O **ENIGMA** de Outro **MUNDO**" (2001) é uma versão do original dirigido por John Carpenter, em 1982.
- "**ONZE** Homens e Um **SEGREDO**" (2001), de Steven Soderbergh, com **GEORGE** Clooney e Brad **PITT**, é uma refilmagem do sucesso de 1960, com Frank **SINATRA** e Dean Martin.
- "Os **INDOMÁVEIS**" (2007), com Russell Crowe e Christian Bale, tem origem num filme de 1957.
- "Os **INFILTRADOS**" (2006), de Martin **SCORSESE**, com Matt Damon e **LEONARDO** DiCaprio, é uma refilmagem do chinês "Conflitos Internos" (2002).
- "Thomas **CROWN** — A Arte do **CRIME**" (1999) resgata a obra de 1968, com Steve McQueen.

```
K O U E G E O R G E U
T D E X O U E Z I O Q
W E I M B Y G S Y U M
U R R A R E N I G M A
H G U R A J T N A A D
B E O B V O B A F Y R
I S R M U I O T T S U
M S E A R I A R D U G
U O M C A Z S A O O A
N D O M K O V B R N D
D Q R N I D M A A C A
O I I H P R O T O S H
I R L D O A A K I U E
P U X N I N A A J Z E
E I M P A O E U N O P
V R T L I E V O W E Z
Y L Q T O L R P V O U
C M A A E H E M I R C
A O O J O W W U N S E
O I I A I F G I E T U
E I N D O M A V E I S
A N A V A W H B B W O
Z Q C O E N N X Y O D
V T P F A I Y A Z I A
E S E S R O C S E A R
D S J R O N W A Z M T
U Q Y M I S A U O I L
Y C L O U O A U M A I
U R M S M T J A B F F
P O R C U R E I I X N
I W I A C O I X E O I
E N D A O M O Z A W O
```

jogo dos erros

Embora os dois desenhos se pareçam muito, há, entre eles, SETE pequenas diferenças. Quais são?

Sacerdotes

Independentemente da **RELIGIÃO**, o **SACERDÓCIO** é uma representação do **SAGRADO**. Se o **PROFETA** reproduz os desejos de **DEUS** a respeito do homem, o sacerdote representa a **CRIATURA** diante de seu **CRIADOR**. Ou seja, carrega consigo o **PAPEL** de intermediário entre o **PROFANO** e o divino e, como verdadeiro representante, eleva ao supremo suas **SÚPLICAS** e **OBLAÇÕES**. Desde as mais primitivas sociedades, sempre houve um eleito a desempenhar a determinada **FUNÇÃO**. Em algumas religiões, o posto sacerdotal está ligado à **VOCAÇÃO**, ao chamado divinal, e tem **DEDICAÇÃO** plena após longo estudo, como no **CATOLICISMO**. Em outras denominações, pode ser apenas uma atuação temporária, para fazer **OFERENDAS** esporádicas; ou então ser escolhido por meio de **ELEIÇÃO**, ou ainda por hereditariedade. Há também religiões que aceitam mulheres para o cargo, que era o caso das remotas **CRENÇAS** politeístas. No Egito Antigo, os **FARAÓS**, além de governantes, eram também emissários dos deuses diante de seus **SÚDITOS**.

E	F	A	O	O	Ã	Ç	I	E	L	E	Y	A	I	S	O	V	V	E	F	H	P
L	E	E	C	E	H	N	T	Y	D	W	A	S	A	E	Ã	A	O	Q	A	S	R
O	F	E	R	E	N	D	A	S	A	B	U	G	X	Õ	Ç	E	C	E	R	D	O
I	O	V	A	P	B	E	M	O	E	E	A	C	N	Ç	A	H	A	S	A	A	F
C	I	A	I	U	O	E	R	A	D	E	A	I	D	A	C	A	Ç	X	O	O	E
O	N	A	F	O	R	P	K	O	A	P	A	P	E	L	I	A	Ã	J	S	H	T
D	I	G	W	D	A	U	U	O	O	B	I	U	I	B	D	H	O	R	U	N	A
R	O	A	E	P	R	E	L	I	G	I	Ã	O	Q	O	E	Y	A	Y	O	C	I
E	Ã	N	A	I	L	C	E	M	U	H	O	E	U	J	D	Y	G	O	D	R	U
C	Ç	O	O	M	S	I	C	I	L	O	T	A	C	R	E	O	V	U	A	I	B
A	N	A	Z	K	S	R	E	I	E	A	T	D	C	R	I	A	T	U	R	A	O
S	U	U	S	U	D	I	T	O	S	Z	A	T	W	I	U	A	U	E	G	D	O
A	F	G	S	U	P	L	I	C	A	S	N	I	M	Q	E	B	S	X	A	O	A
I	T	A	E	F	O	K	A	F	J	M	C	R	E	N	Ç	A	S	I	S	R	L

64 criptocruzada

Resolva esta cruzada, sabendo que letras iguais correspondem a números iguais. Damos um exemplo como ponto de partida. As demais letras devem ser descobertas por dedução e/ou lógica, sabendo-se que formam palavras horizontais e verticais. À esquerda, fora do diagrama, damos a tabela das letras usadas no exemplo impresso e os espaços em branco para completar com as letras que for descobrindo.

Nº	Letra
1	
2	E
3	
4	A
5	
6	
7	
8	
9	R
10	G
11	N
12	T
13	S
14	I
15	
16	
17	
18	

1	2	3	4	5	6	7	8	9	10	11
1	2	3	4	5	6	1	2		3	5
4	7	2	8		9	2	10	4	8	6
11	6	9	12	2	4	9		11	4	13
4	8	6		3	8	14	3	4	9	
9	4	8	15	6		16	4	10	4	9
					13	4	17	18		18
					6		14	4	12	2
					11	14	13	13	2	14
					1	11	4		11	9
					4	13		7	14	6
12 (T)	4 (A)	11 (N)	10 (G)	2 (E)	9 (R)	14 (I)	11 (N)	4 (A)	13 (S)	
4	5	4	9	4		10	6	8		13
8	2	16	4		14	11	12	14	17	6
15		2	12	2	9	2	4		6	16
4	11	10	6	8	4		1	14	1	4
9	14	4		4	9	9	6	8	4	9

caça-palavra

Barriga definida

Engana-se quem pensa que ter uma barriga **DEFINIDA** depende apenas de longas séries de **ABDOMINAIS**. Para tonificar essa região e até adquirir "gominhos", é ideal revezar exercícios de fortalecimento com atividades **AERÓBICAS** e alongamentos, além de manter a postura **EQUILIBRADA** e a respiração controlada. Conheça mais sobre essa combinação de fatores para ter o abdômen dos sonhos.

- A prática de ioga e **PILATES** ajuda na **TONIFICAÇÃO** abdominal por **MEIO** de técnicas respiratórias e da ativação dos **MÚSCULOS** profundos dessa área.

- Caminhada, **CORRIDA** e *spinning* são ótimos exercícios aeróbicos que contribuem para o equilíbrio postural e a queima de **GORDURA**.

- As aulas de **ALONGAMENTO** promovem não só uma boa ~~POSTURA~~ como também a definição muscular.

- O controle da **RESPIRAÇÃO** durante os exercícios garante a estabilização do **MOVIMENTO**, o que torna a atividade mais **EFICIENTE** para enrijecer a musculatura e, assim, diminuir a **FLACIDEZ**.

A	C	U	O	A	F	A	A	C	I	R	U	Q	Y	O	S	E	T	A	L	I	P
L	A	K	Ã	M	A	B	D	O	M	I	N	A	I	S	W	J	U	U	A	G	O
O	T	C	Ç	F	D	N	I	R	A	D	C	W	O	H	P	I	B	V	A	W	S
N	H	U	A	A	I	V	P	R	B	O	M	S	O	L	U	C	S	U	M	U	T
G	Z	B	R	E	N	A	A	I	I	Ã	J	U	E	A	A	I	O	C	I	L	U
A	M	E	I	M	I	I	E	D	B	Ç	S	I	F	D	M	F	A	O	O	L	R
M	U	T	P	O	F	A	U	A	A	A	D	A	R	B	I	L	I	U	Q	E	A
E	B	N	S	V	E	E	O	A	W	C	T	L	A	N	E	A	U	T	N	A	K
N	I	E	E	I	D	E	G	Q	H	I	W	S	Z	E	D	I	C	A	L	F	W
T	G	I	R	M	A	A	K	Z	O	F	U	R	U	L	Z	A	H	J	U	E	O
O	I	C	U	E	A	D	A	F	A	I	Y	M	A	E	G	O	R	D	U	R	A
Q	A	I	A	N	E	O	A	A	Q	N	V	O	E	N	A	G	D	E	O	U	O
K	R	F	O	T	S	H	I	O	J	O	L	A	U	I	G	I	E	A	Y	U	U
O	A	E	R	O	B	I	C	A	S	T	V	A	Q	W	O	G	S	M	U	A	Z

cruzadox

Partindo da palavra-chave já impressa, preencha o diagrama de palavras cruzadas com os vocábulos das chaves.

3 letras
AÇO
ALÔ
ALT
ELO
SAM
UTI

4 letras
ALAR
ALGO
ARAM
ARAS
ATAR
BATA
BIDU
DOSE
IOGA
ÍSIS
NAPA
SUMO

5 letras
AVIAR
BRITA
FALAR
FÓTON
MILAN
TOADA

6 letras
AÇORES
ALAGAR
AMÁSIA
APATIA
ARAMIS
BAGAÇA
BIVOLT
CAMISA
CASACA
COLORE
FLANCO
GAIATO

MENTOR
OLHADA
OUSADO
TECELÃ
TUTORA
VATAPÁ

7 letras
FABULAR
FOFOCAR

8 letras
AFORISMO
ÁGUA DOCE
~~ANGOLANA~~
CANÁRIAS
LOTÉRICA
ODALISCA
PAUTAÇÃO
VADIAGEM

A N G O L A N A

caça-palavra

Biodiversidade

```
B D U A N I M A I S E
S I E V A R O V A F I
I Q E A C M A I I L J
A R X A I W E E U O A
T C A M T A T E W R U
E U A A A I S D Z A F
G Z A A M U E Y U U E
E O A A I D Õ I E E K
V Y R B L J Ç X E E D
S Y A A C U I B D T A
T O F J C U D A A J A
A E A J U U N O D A Y
M J L E D U O A I E A
B U I O B N C W S A T
I O Q B Z M L G R U E
E F H N A E A D E A N
N S Y I S O O F V U A
T I Y O E H O Z I G L
E P L Q A K V P D I P
T A H C U F X S O N I
R A T G E N E T I C A
N A H I E A V E B T K
N E X V B A H A Z A E
C A T A L O G A D A S
U O E B A S I A I T Z
A U C S E I C E P S E
U A G U U E Q G F C A
A B F L O R E S T A S
I E U K I E A V E E U
D I S T R I B U I D A
```

BIODIVERSIDADE é o conceito que engloba todas as formas de vida existentes na Terra, como os **ANIMAIS**, **VEGETAIS** e micro-organismos. Abriga também tudo aquilo que se refere a eles, como sua formação **GENÉTICA** e sua interação com o **AMBIENTE** e as **ESPÉCIES** da **FLORA** e da fauna.

Existem cerca 1,7 milhão de espécies **CATALOGADAS** pela ciência, porém acredita-se que os tipos de seres vivos cheguem a 14 milhões.

Para que as formas de vida se desenvolvam plenamente, é necessário que as **CONDIÇÕES** locais sejam **FAVORÁVEIS**, como a existência de água doce, luz **SOLAR** e situação **CLIMÁTICA** equilibrada. É por esse motivo que a biodiversidade está **DISTRIBUÍDA** de modo desigual pelo **PLANETA**. Às vezes, em regiões relativamente pequenas, como as **FLORESTAS** tropicais, é onde se encontra a maior parte dos seres vivos da Terra.

68 numerox

Partindo do exemplo impresso como dica, preencha o diagrama com os números dados a seguir, respeitando os cruzamentos.

3 dígitos	4 dígitos	5 dígitos	
173	2866	03512	0875096
175	4510	48464	1276788
215	4700	50785	2769843
343	7186	54594	4563074
370	8577	81372	4583957
394	8901	90103	4608518
433	9007		5017204
513	9370	**7 dígitos**	5035452
544		0257947	5126773
634			6382705
691			6868233
730			7972641
832			8078944
846			
943			**8 dígitos**
997			31657870

11 dígitos

~~10455079369~~

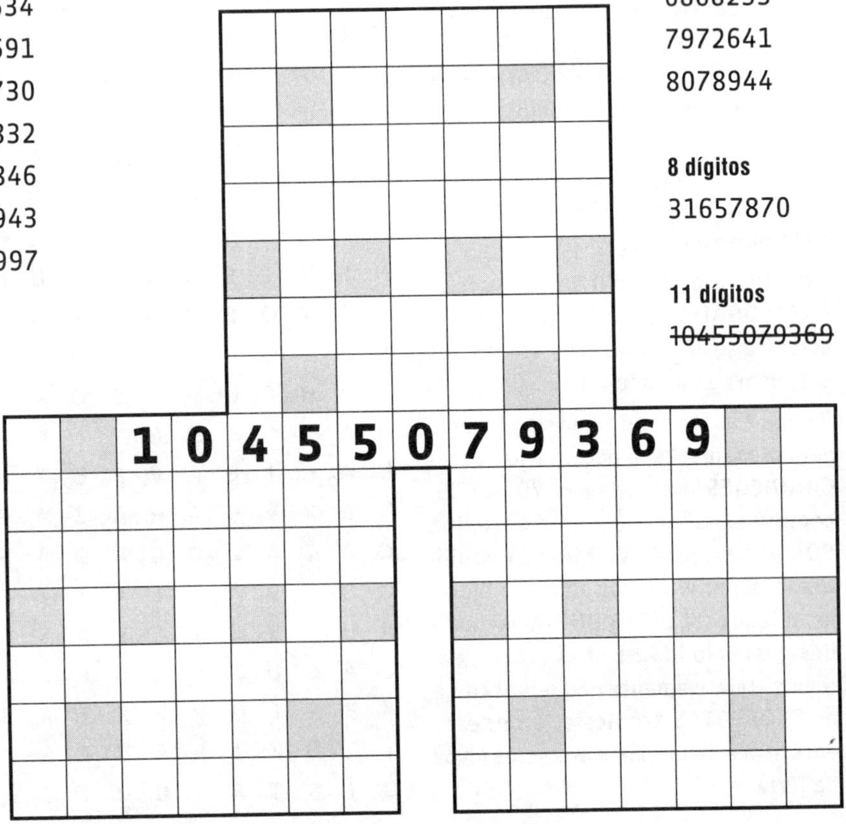

caça-palavra

Dislexia

~~DISLEXIA~~ é um transtorno genético e **HEREDITÁRIO** que se configura como uma **DIFICULDADE** primária no aprendizado. Pode abranger inaptidão em **LEITURA**, escrita e soletração, ou uma **COMBINAÇÃO** de incapacidade em duas ou três dessas atividades. É mais identificada na **SALA** de aula, e a **ESTIMATIVA** é que atinja de 10 a 15% da população **MUNDIAL**. Na primeira **INFÂNCIA**, pode-se apresentar como um atraso no desenvolvimento **MOTOR**, desde a fase do engatinhar, **SENTAR** e andar.

O **DIAGNÓSTICO** é feito por exclusão por uma **EQUIPE** multidisciplinar que inclui médico, **PSICÓLOGO**, psicopedagogo, fonoaudiólogo e **NEUROLOGISTA**. Descartam-se outras deficiências que possam interferir na **APRENDIZAGEM**, como as visuais e **AUDITIVAS**, déficit de atenção e problemas **EMOCIONAIS**, psicológicos e socioeconômicos. Não há **CURA** para a dislexia, mas o tratamento pode ajudar o paciente a superar, na medida do possível, sua dificuldade em leitura, **ESCRITA** ou matemática.

I	T	W	I	N	F	A	N	C	I	A
L	Z	A	O	B	B	O	E	L	D	U
E	U	J	R	A	U	X	O	A	O	D
I	V	A	E	U	X	O	U	A	C	I
T	M	E	E	E	C	V	L	P	I	T
U	U	U	D	P	Y	X	U	R	T	I
R	N	A	A	Q	I	E	R	E	S	V
A	D	S	D	F	A	P	Y	N	O	A
Q	I	I	L	E	T	I	E	D	N	S
H	A	B	U	A	S	U	X	I	G	R
R	L	A	C	A	I	Q	F	Z	A	F
O	O	A	I	A	G	E	O	A	I	O
T	D	V	F	A	O	E	A	G	D	D
O	Q	I	I	G	L	Y	A	E	A	K
M	F	T	D	P	O	E	O	M	I	H
T	Y	A	G	M	R	Z	I	A	E	S
O	B	M	U	I	U	A	A	U	A	B
Ã	G	I	U	O	E	A	J	L	I	A
Ç	A	T	W	F	N	N	A	Q	A	N
A	E	S	X	G	U	K	U	Y	U	B
N	A	E	S	C	R	I	T	A	C	J
I	U	O	E	Q	A	O	P	P	O	E
B	K	A	D	I	S	L	E	X	I	A
M	I	C	A	O	J	Z	A	H	N	V
O	G	O	L	O	C	I	S	P	Q	I
C	U	V	A	U	V	A	E	J	F	Q
O	E	M	O	C	I	O	N	A	I	S
F	Y	S	U	G	U	O	W	E	E	D
H	E	R	E	D	I	T	A	R	I	O
I	S	E	N	T	A	R	L	A	U	A

caça-palavra

Óleo de coco

Para aqueles que desejam emagrecer ou tratar problemas de saúde, o consumo diário de quatro colheres de sopa de óleo de coco é uma ótima recomendação. Essa **GORDURA** saturada de origem **VEGETAL** pode ser encontrada em farmácias e lojas de produtos naturais em duas versões: em **CÁPSULAS**, que devem ser tomadas no horário de almoço ou jantar, e em **ÓLEO**, que pode ser acrescentado em vitaminas ou alimentos, como patês e pastas. Em relação a suas propriedades, ele ajuda a normalizar as taxas de **GLICOSE** no sangue e não incentiva a liberação de **INSULINA**, reduzindo a compulsão por **CARBOIDRATOS**. Aqueles que sofrem com prisão de ventre também levam vantagens. Esse produto natural favorece o crescimento da flora **INTESTINAL** saudável e a eliminação de **BACTÉRIAS** maléficas. Por outro lado, ele auxilia no **EMAGRECIMENTO**, ao acelerar o metabolismo do organismo, elevando a queima de **CALORIAS**. Além disso, como demora mais tempo para ser digerido no **ESTÔMAGO**, o óleo de coco dá uma sensação de **SACIEDADE**, o que diminui o apetite. Outros benefícios são: redução do colesterol ruim (LDL), fortalecimento do sistema **IMUNOLÓGICO** e prevenção do envelhecimento precoce.

H	U	O	I	M	U	N	O	L	O	G	I	C	O	I	U	I	I	E	I	A	I
V	A	R	U	D	R	O	G	V	T	D	A	U	A	A	I	K	I	S	C	I	N
C	O	V	S	A	Y	R	D	C	N	A	E	S	T	O	M	A	G	O	A	A	T
A	O	A	I	V	C	S	N	E	E	Q	U	O	E	U	H	A	E	C	R	O	E
L	S	A	L	U	S	P	A	C	M	Q	V	E	C	A	U	J	M	I	B	I	S
O	A	O	A	U	S	M	Y	N	I	Q	E	P	O	I	N	U	I	L	O	U	T
R	I	L	P	O	I	Y	C	O	C	C	G	E	P	E	L	W	G	G	I	A	I
I	R	A	U	F	C	Y	V	K	E	A	E	F	P	E	L	J	B	Z	D	I	N
A	E	R	S	E	O	M	E	O	R	X	T	E	X	E	H	O	I	L	R	A	A
S	T	I	A	A	C	L	V	Y	G	R	A	N	E	A	A	X	G	X	A	I	L
O	C	F	Q	E	O	Q	O	B	A	D	L	A	A	W	A	U	P	U	T	F	P
U	A	K	A	U	I	A	A	S	M	V	A	I	I	F	I	U	Y	N	O	A	A
K	B	U	Z	A	A	N	L	S	E	W	E	D	A	D	E	I	C	A	S	Z	I
B	A	N	I	L	U	S	N	I	F	E	J	A	N	K	E	T	O	S	V	F	L

caça-palavra

Relevo

O ~~RELEVO~~ indica as formas da superfície do **PLANETA** – desde os oceanos até as terras **EMERSAS** –, que podem ser influenciadas por **AGENTES** internos e externos, como o **HOMEM**, erosão ou terremotos.

Algumas formas de relevo existentes no **BRASIL** são:

- **CHAPADAS** — estão localizadas em altitudes **MEDIANAS** e elevadas.

- **DEPRESSÕES** — conjuntos de relevos planos ou ondulados que ficam abaixo do **NÍVEL** de altitude das regiões vizinhas.

- **MONTANHAS** — apresentam superfícies superiores às das **REGIÕES** vizinhas.

- **PATAMARES** — formas planas ou onduladas que constituem superfícies intermediárias ou degraus entre áreas de relevo mais elevado e áreas mais **BAIXAS**.

- Planaltos — terrenos relativamente planos e localizados em áreas de altitude mais elevada.

- Planícies — terrenos planos ou levemente ondulados, formados pela deposição de sedimentos transportados geralmente por rios, mares e vento.

- Serras — relevos acidentados.

K	S	S	A	N	A	I	D	E	M	I
E	U	F	N	I	F	W	A	X	T	U
I	M	H	E	E	U	O	L	P	A	S
T	R	E	U	H	M	A	U	A	V	A
I	O	D	M	L	X	W	U	T	C	Z
M	A	U	O	O	A	Z	I	A	O	D
Y	S	V	I	P	H	I	L	M	A	E
E	E	E	U	Y	Y	S	B	A	I	P
S	G	Z	R	A	P	A	E	R	O	R
E	U	Q	E	C	H	R	E	E	O	E
Õ	I	Q	Y	P	O	W	J	S	K	S
I	C	U	W	E	O	K	Z	B	Z	S
G	O	R	E	L	E	V	O	M	W	Õ
E	U	M	T	O	T	I	K	E	R	E
R	B	M	O	N	T	A	N	H	A	S
L	A	B	A	Q	G	O	Z	U	S	S
Y	I	Z	S	A	S	R	E	M	E	L
Q	P	A	R	F	U	M	Q	S	U	O
P	O	L	N	K	B	X	Y	N	B	D
L	E	I	X	A	T	W	I	A	Y	S
A	I	S	X	U	A	V	F	E	N	A
N	X	A	S	A	E	B	G	K	I	X
E	O	R	A	L	R	U	F	V	O	I
T	U	B	Y	E	N	O	F	L	L	A
A	Y	M	T	L	U	A	S	C	Y	B
B	Z	O	S	E	D	U	Z	E	A	A
E	I	K	S	E	T	N	E	G	A	N
V	U	S	Y	V	L	I	O	H	A	P
Q	I	H	E	I	A	I	Y	S	M	I
S	A	D	A	P	A	H	C	U	Q	S

problema de lógica

Na lanchonete

Alessandra, Cecília e Marisa saíram da dieta depois das compras de ontem. Elas entraram numa lanchonete e fizeram um lanche sem pensar em calorias. A partir das dicas abaixo, descubra o que cada mulher comeu e bebeu.

1. Uma mulher comeu uma fatia de pizza e bebeu um refrigerante.

2. Alessandra comeu pastel.

3. Marisa tomou um refresco de maracujá.

Resolva o passatempo, preenchendo o quadro. Coloque S (sim) em todas as afirmações e complete com N (não) os quadrinhos restantes (veja o exemplo). Para isso, use sempre a lógica, a partir das dicas.

		Salgado			Bebida		
		Esfirra	Pastel	Pizza	Caldo de cana	Maracujá	Refrigerante
Nome	Alessandra						
	Cecília						
	Marisa						
Bebida	Caldo de cana			N			
	Maracujá			N			
	Refrigerante	N	N	S			

Nome	Salgado	Bebida

caça-palavra

Sem destino

Uma maneira alternativa e muito **SERENA** de passear por curtas distâncias é utilizando **BALÃO** de ar quente. Cada parte sua é construída com um **MATERIAL** de características específicas, como o **ENVELOPE**, por exemplo. Ele é composto de gomos de **NÁILON**, tratado e reforçado, que apresenta leveza e **RESISTÊNCIA**, principalmente a altas **TEMPERATURAS**. Já as cestas, onde os passageiros viajam, são feitas de **VIME**, que é um produto leve, resistente e **FLEXÍVEL**, reduzindo o atrito com o solo no momento do **POUSO**. Porém, não se pode decidir, completamente, o **DESTINO** dessa viagem. A direção e a **VELOCIDADE** dos movimentos **HORIZONTAIS** são definidas pelo **VENTO**. Assim, para mudá-las, deve-se alterar também a **ALTITUDE** e seguir outra corrente de ar. Os controles **VERTICAIS** são realizados através do princípio científico básico de que o ar **QUENTE** é mais leve que o frio, e por isso sobe. Dessa forma, através do reaquecimento ou da liberação do ar quente de dentro do envelope, o balão pode subir ou descer, respectivamente. Os passos **INICIAIS** dessa criação foram dados, em 1709, por Bartolomeu Lourenço de **GUSMÃO**, primeiro inventor e cientista brasileiro, e, desde então, foram aperfeiçoados até se transformarem nesse incrível instrumento **VOADOR**.

O	Ã	M	S	U	G	C	U	O	I	C
N	S	U	D	E	S	T	I	N	O	O
L	A	I	R	E	T	A	M	O	U	I
M	S	I	A	I	C	I	N	I	P	O
U	C	O	D	Y	A	N	E	R	E	S
V	E	N	T	O	O	L	I	F	T	U
E	O	A	K	T	H	I	B	I	N	I
R	O	O	S	U	O	P	A	P	E	B
T	A	D	A	Y	R	U	L	D	U	Y
I	I	E	R	T	I	F	Ã	J	Q	Y
C	C	J	U	I	Z	P	O	U	O	N
A	N	I	T	I	O	N	E	C	T	V
I	E	Q	A	I	N	M	P	E	I	V
S	T	T	R	C	T	I	V	M	L	U
U	S	H	E	I	A	O	E	E	I	E
R	I	O	P	O	I	B	J	I	Z	D
U	S	B	M	Z	S	E	O	U	E	A
A	E	F	E	C	K	D	E	C	N	D
A	R	J	T	X	A	U	Q	S	V	I
						T	W	X	E	C
						I	F	G	L	O
						T	L	N	O	L
						L	E	F	P	E
						A	X	L	E	V
						J	I	U	H	U
						E	V	R	O	N
						E	E	O	O	A
						E	L	D	I	I
						E	T	A	P	L
						O	I	O	A	O
						A	Y	V	I	N

caça-palavra

Evolução à mesa

Como o **ALIMENTO** já foi considerado uma **OFERENDA** de Deus, deveria ser levado à **BOCA** pelas mãos. Jesus repartia o pão manualmente, gesto adotado por seus seguidores, no início do Cristianismo. Mas, apesar de toda a simbologia, a **FACA** já era instrumento usual; seu surgimento data da **IDADE** do **BRONZE** e do **FERRO** (final da pré-história). Porém, sua utilização na alimentação somente aconteceu a partir do século XIV. A **COLHER**, que a princípio era apenas usada no preparo da refeição, surgiu da adaptação de **CONCHAS** de moluscos, evoluindo para a **MADEIRA** com os **GREGOS**. Já os garfos vieram, primeiramente, em substituição à faca — pois a mesma também servia para espetar as **CARNES** e as **FRUTAS** — e eram feitos de apenas dois dentes (séc. XV), passando a **TRIDENTE** no século XIX e depois possuindo quatro dentes em 1880, como é até hoje. Conta a **HISTÓRIA** que o primeiro **GARFO** fora adotado por uma **PRINCESA**, e a obra foi considerada **HERESIA**, inclusive por parecer com o instrumento carregado pelo demônio.

```
G Y Y A U A R I E D A M Y I O H P U R X C G
S R A D G E E H B I F O U E D L O Q F S O R
A C A N P Q H B U M A H I S T O R I A A N E
I A E E B R L A E A F D I F K O E Q G H C G
S E A R W F O S Z O C U P X Z E U E H B H O
E U H E N R C A N I Q A S E C N I R P Q A S
R Y K F P U F E O U W R Y B Y U P I U U S I
E C E O C T O N R O U E T N E D I R T T S O
H E D U H A I A B A O J P J A H U E E E U R
B H A A F S O A O A A V I I G E J N A G M R
E U D U U V H N O A Z O A R A D N I B V J E
A L I M E N T O W U C N I A R U E E A O C F
O I D A L E E A A F B A E L F P E A E D C P
C B R O S E N R A C P X F J O P E Z L I I A
```

caça-palavra

Fobias raras

Originada do termo **GREGO** "fobos" ("medo", em português), a **FOBIA** é um transtorno de **ANSIEDADE** que ocorre em casos específicos, podendo envolver um animal, objeto ou situação. Esse temor desenvolve respostas **FISIOLÓGICAS** no indivíduo, como **TAQUICARDIA**, tremores, **SUDORESE** e falta de ar. Conheça algumas fobias bastante raras.

- Alliumfobia: medo de **ALHO**;
- Araquibutirofobia: medo de que **ALIMENTO** pastoso (como doce de leite) ou casca (de pipoca ou amendoim, por exemplo) grude no céu da **BOCA** e na gengiva;
- Barofobia: medo da **GRAVIDADE**;
- Fagofobia: medo de engolir;
- Itifalofobia: medo de ereções;
- Lacanofobia: medo de **VEGETAIS**;
- Metrofobia: medo de **POESIA**;
- Pantofobia: medo de todas as **COISAS**, de sentir medo inclusive;
- Papafobia: medo do **PAPA**;
- Pteronofobia: medo de **COSQUINHAS** feitas com uma pena.

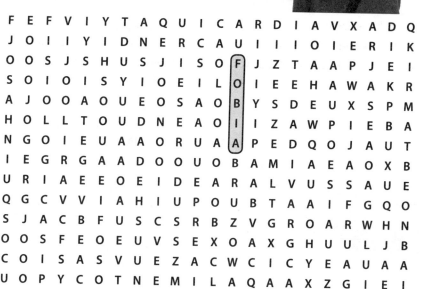

```
F E F V I Y T A Q U I C A R D I A V X A D Q
J O I I Y I D N E R C A U I I I O I E R I K
O O S J S H U S J I S O F J Z T A A P J E I
S O I O I S Y I O E I L O I E E H A W A K R
A J O O A O U E O S A O B Y S D E U X S P M
H O L L T O U D N E A O I I Z A W P I E B A
N G O I E U A A O R U A A P E D Q O J A U T
I E G R G A A D O O U O B A M I A E A O X B
U R I A E E O E I D E A R A L V U S S A U E
Q G C V V I A H I U P O U B T A A I F G Q O
S J A C B F U S C S R B Z V G R O A R W H N
O O S F E O E U V S E X O A X G H U U L J B
C O I S A S V U E Z A C W C I C Y E A U A A
U O P Y C O T N E M I L A Q A A X Z G I E I
```

dominox

O Dominox consiste em escrever no diagrama, respeitando os cruzamentos, as palavras em destaque nas chaves.

Sobre os elefantes

5 letras
CINZA escuro (cor)
PESAM, em média, 6 toneladas
PODEM nascer com até 80 quilos
VIVEM até 60 anos

6 letras
CORREM risco de extinção
~~QUÊNIA~~ (habitat)
Têm de 3 a 4 METROS de altura
UGANDA (habitat)

7 letras
ATINGEM até 12 toneladas
Os MAIORES animais terrestres
Presas de marfim (POSSUEM)
Vivem em MANADAS

8 letras
De 20 a 22 meses (GESTAÇÃO)
INDIANOS (os menores)

9 letras
AFRICANOS (os maiores)
FLORESTAS e savanas (onde vivem)

10 letras
HERBÍVOROS

caça-palavra

Evitando os raios

Os RAIOS possuem **VOLTAGEM** e temperatura extremamente **ALTAS**, sendo um **FENÔMENO** natural mortal para nós. Devemos, então, seguir algumas dicas muito úteis de **PROTEÇÃO** para evitar **ACIDENTES**:

- Faça o possível para não sair de casa durante tempestades, mas, caso esteja na rua, procure **ABRIGO**, como: carros não conversíveis, ônibus, casas, prédios, metrôs ou túneis;

- Evite usar **TELEFONE**, tocar em equipamentos ligados à rede **ELÉTRICA** e ficar próximo a **TOMADAS** e canos;

- Não solte pipas, não ande de **BICICLETA** ou a cavalo nem nade, e, também, não fique em grupos;

- Evite lugares altos, como topos de morros e de prédios, e abertos, como estacionamentos, praias, campos e quadras de esportes, assim como proximidades de **ÁRVORES** e objetos **METÁLICOS**, linhas aéreas, trilhos de trem e torres de ligações elétricas e **TELEFÔNICAS**;

- E, se estiver longe de um abrigo e sentir seus pelos **ARREPIAREM** ou sua pele coçar, ajoelhe-se no solo, com as mãos nos **JOELHOS** e a cabeça entre eles. Não **DEITE** no chão!

Z	U	E	E	N	O	F	E	L	E	T
A	E	U	S	O	H	L	E	O	J	U
S	E	T	N	E	D	I	C	A	U	I
A	U	C	U	I	G	U	E	J	P	Z
T	A	F	E	N	O	M	E	N	O	M
L	O	O	Q	A	U	O	R	A	A	G
A	W	M	E	T	A	L	I	C	O	S
O	A	A	V	W	S	J	I	E	E	M
A	M	S	U	P	T	A	K	K	A	E
V	J	T	O	M	A	D	A	S	U	A
Z	R	C	P	R	M	A	J	A	I	C
H	I	D	O	O	O	E	A	C	B	I
A	A	O	E	W	S	O	I	I	E	R
R	E	O	A	I	B	I	R	N	N	T
R	U	J	O	A	T	R	Z	O	T	E
E	A	J	S	O	U	E	O	F	I	L
P	R	I	E	I	I	E	I	E	B	E
I	U	U	R	U	A	S	E	L	A	T
A	M	R	O	U	O	E	V	E	D	A
R	S	U	V	C	N	R	I	T	Z	Z
E	U	O	R	V	A	D	I	A	A	W
M	E	G	A	T	L	O	V	A	Z	M
E	K	A	T	E	L	C	I	C	I	B
A	E	S	U	U	M	P	K	A	P	E
R	A	I	O	S	L	O	O	A	Q	O
U	U	E	Y	V	A	B	R	I	G	O
A	M	K	A	K	A	D	E	Z	Z	Y
P	E	M	M	L	U	I	Q	C	B	U
U	O	Ã	Ç	E	T	O	R	P	A	T

caça-palavra

Comida superpoderosa

Os **ALIMENTOS**, além de saciarem a **FOME** ou a vontade de **COMER** algo, têm ação específica sobre a saúde, podendo, mesmo, orientar a **APARÊNCIA** física. Vejamos alguns itens alimentares que devem constar, de forma equilibrada, em nosso **CARDÁPIO**.

ARROZ integral — Fonte de fibras, selênio e vitaminas E e do complexo B, é rico em silício orgânico, que estimula a produção de elastina, colágeno e queratina;

CENOURA — Rica em betacaroteno, contém potássio e vitamina A; é anticancerígena;

CÚRCUMA (açafrão-da-terra) — Seus alcaloides, terpenoides e flavonoides agem contra o envelhecimento precoce;

~~**GENGIBRE**~~ — Sua composição (vitaminas A, B3 e B6, selênio e zinco) dá energia ao corpo;

LINHAÇA — Rica em fibras, provoca a sensação de saciedade, reduzindo a fome, e melhora o funcionamento do intestino;

Mamão **PAPAIA** — Fonte de cálcio e de vitamina C, auxilia na produção de hormônios sexuais;

MORANGO, **AMORA** e **FRAMBOESA** — Contêm bioflavonoides, que ativam o sistema imunológico;

PIMENTA vermelha — Sua capsaicina derrete gorduras, alivia a cefaleia, controla a glicose e auxilia no tratamento da rinite;

SALMÃO, atum, **CAVALINHA**, sardinha e arenque — Ricos em ômega-3, estimulam a memória;

SOJA — Fonte de proteínas e de isoflavonas, atenua os sintomas da menopausa, previne a osteoporose e reduz o colesterol ruim.

caça-palavra

Museu Egípcio do Cairo

Detentor da mais **RICA** e fascinante coleção de antiguidades **FARAÔNICAS** do mundo, o Museu **EGÍPCIO** do Cairo exibe **SARCÓFAGOS**, máscaras funerárias, **TESOUROS** e estátuas de faraós, entre outras obras fundamentais da **HISTÓRIA** do Egito Antigo. Desde o seu surgimento, em 1835, o ~~MUSEU~~ Egípcio busca preservar uma das mais ricas culturas que já existiu, mantendo em sua sede grande parte do **PATRIMÔNIO** nacional. Entre as preciosidades de seu **ACERVO**, encontram-se **OBJETOS** dos enxovais **FUNERÁRIOS**, como **JOIAS** e móveis ricamente ornados, que revelam a complexa relação simbólica estabelecida entre vida e "morte", além de itens (**ESCULTURAS** e pinturas) **SIMBÓLICOS** de ordem **CULTURAL**, **POLÍTICA** e **RELIGIOSA** da civilização egípcia.

```
S Y A J D M L L A P G
H X F D V Y W Q P A Y
I L A R U T L U C B W
S Y R N P S W F P V S
T N A T I I C S K B O
O Y O Y S M H O W X T
R V N Z P B Y I X X E
I D I J C O J R Z N J
A G C B L L Q A W O B
C H A B D I H R C V O
C K S T Z C Q E X O V
O W J Y P O B N T M T
N D L T E S O U R O S
I K N N P F N F F Z Y
V R E L I G I O S A T
I P F F S J Q Z H L A
Y N O D R K S L C T A
K L V G U I L A K J X
B L R Z T P C F I J T
Y K E T B W B A D O P
O I C P I G E W J B J
B N A C V W R K C W P
M Y Q P O L I T I C A
U W D E O P B H T W Z
S A R C O F A G O S Z
E G H G V K T C D W T
U P A T R I M O N I O
Q R K Z X T P J W F D
S A R U T L U C S E Y
L Z G D U I S G R N O
```

ILUSTRAÇÃO: MACHADO

80 **duplex**

Quadro

Definição							
Pequeno corte (bras.).	**A**		45	8	107	74	
Prego quase sem cabeça.	**B**	23	85	50	76	102	
Que está ao mesmo tempo em toda parte (fem., pl.).	**C**	83	108	51	42	1	26
Alcunha do cangaceiro Virgulino Ferreira da Silva.	**D**	43	66	31	18	55	104
Composição para oito executantes (Mús).	**E**	**O** **C**	21 **T**	53 **E**	61 **T**	82 **O**	
Armazém para mercadorias situado no porto (pl.).	**F**	71		29	12	105	
(?) Fraga, atriz brasileira.	**G**	24		11	91	35	77
Naturais do país cuja capital é Berlim.	**H**	72		4	63	27	49	109
Carne bovina, salgada e seca.	**I**	81		22	67	41	3	58
Sucesso da banda Los Hermanos.	**J**	16			90	75	30
Balas, geralmente em forma de discos.	**K**	78	40		69	10	94
A parte mais fina da farinha de trigo.	**L**	80	97		6	47	
Contração de duas vogais idênticas em uma só (Gram.).	**M**	101	19		60	34	
Laçadas de couro ou corda, para arrojar pedras.	**N**	89	52		46	20	106
Reentrância na costa de um rio.	**O**	14	37		68	59	92	28
Doce feito de gema de ovo, açúcar e coco (cul.).	**P**	95	9		100	48	70	86
Mistura de elementos diversos.	**Q**	73	88			5	62
Impedir; proibir.	**R**	38	25			84	
Tecido de algodão rústico, com fios brancos e azuis entrelaçados.	**S**	33	96			57	111
O fruto comestível de certa trepadeira cucurbitácea (Bot.).	**T**	13	79	103		54	93
Adorno de madeira usado por índios no nariz e orelhas.	**U**	64	56	110		2	99	39
Inapta; incapaz.	**V**	98	65	7		15	32
Utensílio de metal que se usa no dedo para costurar à mão.	**W**	87	17	36		44	

duplex

Responda às definições e passe as letras do quadro para o diagrama, de acordo com as coordenadas. Preenchido o passatempo, surgirão uma frase no diagrama, nome, a ocupação e a naturalidade do seu autor nas casas em destaque no quadro.

Diagrama

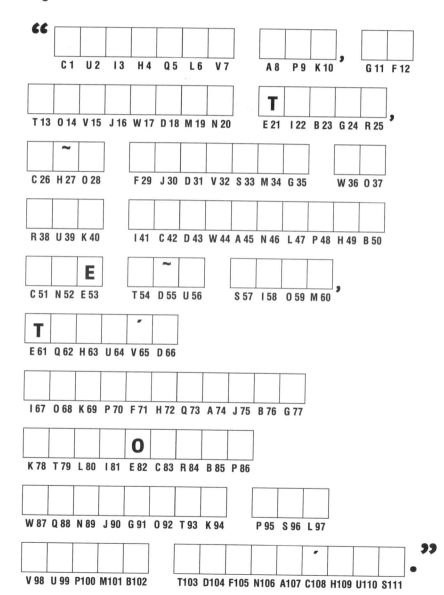

82 **dominox temático**

Com base no tema, preencha o diagrama abaixo, partindo da palavra-chave, sabendo que para letras iguais, números iguais.

Sucessos de Elis Regina

"Upa ~~NEGUINHO~~" — música de Edu Lobo e Gianfrancesco Guarnieri (1967).

Radicais livres

Talvez você já tenha ouvido falar em **RADICAIS** livres, mas sabe o que são? São moléculas **LIBERADAS** pelo organismo e que podem causar ~~DOENÇAS~~ degenerativas de envelhecimento e morte **CELULAR**.

Elas podem ser formadas por **DIVERSOS** fatores, como **POLUIÇÃO** ambiental, ingestão de substâncias presentes em algumas **BEBIDAS** e **ALIMENTOS** (como aditivos **QUÍMICOS**, radiação e hormônios), excesso de atividade física e **ESTRESSE**.

Para combater os radicais livres, recomendam-se exercícios de **BAIXA** e moderada **INTENSIDADES**, mas que estejam entre 65-80% da frequência cardíaca máxima do indivíduo. Além disso, alimentos **RICOS** em vitaminas C e E são importantes para **RETARDAR** a produção das moléculas.

```
U A A H A C E L U L A R I S O S R E V I D I
H P A W O Z I U O I E A O W U K Q S B N T O
N Y H S I A C I D A R B I A V Q J T O T R Ã
A D F X Z U Z A E G I M M L H U I R O E A Ç
Q O I L X R I K O R U O F I Y I Y E O N I I
A E Q I H A U O I P T S E M A M A S H S A U
V N N B I K R C A U L A X E Q I C S F I E L
E Ç J E B H O E A T A D A N U C Z E U D D O
T A L R A S A K J U Y I I T Y O V I E A B P
M S C A U H A I O D M B U O J S A D O D I I
X A A D H A Z F A U I E R S R A O J Q E I O
A U T A Q Y N A X I A B U U O W U O A S L U
O A V S U W O A I N I I H R A D R A T E R A
```

caça-palavra

Movidos a água de coco

A água de ~~COCO~~, além de hidratar, também traz muitos outros benefícios ao corpo, o que só estimula seu consumo a cada **GOLE**. Não possui contraindicação, podendo ser consumida por todas as pessoas. Faz bem aos **ADEPTOS** do esporte, àqueles que precisam **EMAGRECER** etc. Sendo assim, delicie-se com as **VANTAGENS** dessa bebida:

- é um moderador natural para a **COMPULSÃO** de carboidratos;
- controla o **APETITE** em geral, promovendo a sensação de **SACIEDADE**;
- auxilia na **PERDA** de peso, pois acelera o **METABOLISMO**;
- trata da obstrução **INTESTINAL**;
- atua na redução do **COLESTEROL** e nos índices de açúcar no sangue;
- protege o **SISTEMA** imunológico;
- retarda a ação do **TEMPO**, combatendo os radicais **LIVRES**.

```
Y Q V C H A J E R R U
V S A C I E D A D E A
O T A T I O Q A G C A
M W Q U X I M W U E Z
S I S T E M A V Y R A
I C U U U X A V Q G I
L Z F Q B I A A A A U
O N S E D A D N P M E
B U N F Z U E O I E C
A Q E A A L P Q S O Q
T A G A A P T U U W O
E C A W U A O O I E Ã
M R T J I A S U A E S
G P N O E B C R P H L
A O A L O P M E T O U
U M V R A A E U A O P
C O R P R K A A Z X M
O F U T A C G W A R O
L A A O E O P C I E C
E B Y Q L E J K E A A
S B A E G A P E R D A
T U V E A Z E P U A A
E O L I V R E S A T I
R I W E U I A H I A U
O X O B E T I T E P A
L V T L U O D F A M V
U I N T E S T I N A L
J A F B L N U T E I A
R E H (C O C O) A S U K
V C P Z R N U M I X I
```

ILUSTRAÇÃO: CANDI

caça-palavra 85

Marcas de tiranossauro

De acordo com pesquisas de uma **EQUIPE** de cientistas do Museum of the Rockies, o **TIRANOSSAURO** recebe, de fato, o título de maior predador de que já se teve notícia no mundo. Um **ESTUDO** detalhado revela como esse grande ~~RÉPTIL~~ devorava suas **PRESAS**. E uma delas não era nada **INDEFESA**, por sinal: tratava-se do **ROBUSTO** triceratops. Inspecionando-se os fósseis desse outro réptil, foram descobertas, em seu **CRÂNIO**, marcas de dentes. Isso leva a crer que essa sua parte do **CORPO** tenha sido por completo (ou quase) arrancada à base de **MORDIDAS**. Os vestígios encontrados coincidem com o **PADRÃO** de **DENTIÇÃO** do famigerado T-Rex. Porém, por mais horrível que isso possa parecer, não havia nenhum requinte de **MALDADE** no procedimento. Por ser mais **NUTRITIVA** a área do pescoço da vítima, era mais fácil para o gigantesco animal separá-la da **CABEÇA** para poder saboreá-la.

A	O	O	D	U	T	S	E	Q	B	U	N	U	T	R	I	T	I	V	A	H	B
I	B	U	W	O	C	O	F	A	B	P	N	O	G	L	D	I	G	F	G	U	L
E	U	M	U	P	L	A	Q	T	F	A	R	P	C	M	D	N	T	U	G	M	C
O	E	U	I	R	O	U	I	I	A	D	A	I	O	O	N	F	U	T	A	O	Z
U	P	A	P	E	A	D	E	R	O	R	O	T	P	Y	R	O	T	Q	V	R	T
I	I	I	E	S	C	E	U	A	E	Ã	E	T	L	H	A	P	U	N	U	D	O
A	U	O	N	A	E	N	N	N	I	O	R	I	T	E	E	I	O	I	A	I	L
Y	Q	W	A	S	T	T	I	O	T	F	E	A	A	P	I	A	U	U	M	D	I
E	E	A	C	A	M	I	A	S	O	R	E	P	T	I	L	B	X	I	R	A	A
Y	Y	A	R	I	O	Ç	Z	S	U	P	A	A	X	G	Z	Z	O	A	O	S	Ç
I	A	X	A	F	P	Ã	I	A	O	C	E	O	R	J	O	N	Q	I	B	L	E
Q	E	U	N	O	Z	O	N	U	O	D	M	A	L	D	A	D	E	F	Y	L	B
Y	E	A	I	E	A	O	A	R	O	W	C	Y	J	Y	I	L	G	U	A	A	A
E	F	O	O	T	S	U	B	O	R	U	I	I	N	D	E	F	E	S	A	M	C

caça-palavra

Uma hora faz tanta diferença!

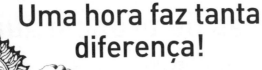

O horário de **VERÃO** consiste no **ADIANTAMENTO** dos nossos **RELÓGIOS** para que possamos ter maior aproveitamento da luz solar e **ECONOMIZAR** energia elétrica em um período em que sua demanda aumenta substancialmente. No Brasil, a alteração é de uma hora, porém somente nas **REGIÕES** Sul, Sudeste e Centro-Oeste. Segundo informações, esse racionamento é pequeno no Norte e no Nordeste do nosso país, por isso são excluídos da programação. Embora ofereça **VANTAGENS** econômica e **AMBIENTAL**, essa mudança no horário acarreta **CONSEQUÊNCIAS** no organismo e na vida social dos brasileiros. Isso porque nosso corpo é coordenado por um relógio **BIOLÓGICO** responsável por determinar **HORÁRIOS** de alimentação, **DESCANSO**, disposição, entre outros, e, nessa época, ele é forçado a se adaptar. Até que isso ocorra, o que pode levar de dias a semanas, sofremos com aumento de cansaço, **SONOLÊNCIA** e falta de atenção e **DISPOSIÇÃO** no trabalho, na escola e no cotidiano. Algumas dicas, como dormir com as **CORTINAS** abertas para acordar com a **CLARIDADE** e evitar bebidas com cafeína e atividades **ESTIMULANTES** à noite, são muito eficientes para acelerar a **SINCRONIZAÇÃO** do nosso **ORGANISMO**.

```
Z E C O S N A C S E D
I O K O R K E C I A E
A M B I E N T A L N A
I S I K L G X A W A O
I I O V O I C I S O Ã
Q N A V G G O E R C Ç
C A I A I X N S E I A
O G F N O E S T H G Z
R R O T S E E I B O I
T O U A A C Q M E L N
I W O G A O U U S O O
N E S E K N E L J I R
A X I N D O N A R B C
S E F S A M C N P U N
V D O I M I I T K R I
A A C S E Z A E E E S
H D V B B A S S B G A
A I D L A R H U A I A
U R Y O O P I E B Õ D
U A S T V H R P R E I
I L E S E E A A O S A
O C H O R U R P F L N
M U U I I U O Ã L Z T
A I S R K L C K O D A
I D E A Q F U O Z M M
A D A R D G W D L E E
S O N O L E N C I A N
S A T H P A U L N A T
F Q A M N B I B Y O O
O Ã Ç I S O P S I D I
```

Benefícios do brócolis

Que tal incluir brócolis em seu **CARDÁPIO**? Antes de torcer o **NARIZ**, saiba que esse **VEGETAL** oferece muitos benefícios à saúde. Para começar, é bom tomar nota de que o **CONSUMO** desse alimento propicia o aumento da imunidade, devido à presença de **ÁCIDO** fólico, evitando, dessa forma, a anemia. Outra coisa a se considerar é que tal **VERDURA** é uma rica fonte de antioxidantes, que previnem o **CÂNCER**, eliminando as **CÉLULAS** doentes. Mais uma vantagem é a **INGESTÃO** de **ENZIMAS** capazes de controlar a diabetes, ao reduzir a **TAXA** de moléculas que justamente são produzidas quando ocorre a elevação do nível de açúcar. Adotar uma dieta **SAUDÁVEL** como esta resulta em **PULMÕES** mais protegidos, já que as **BACTÉRIAS** que afetam a capacidade respiratória são neutralizadas. Como se pode perceber, é melhor rever seus conceitos nutricionais. Bom **APETITE**!

```
A O C E L U L A S E S E Õ M L U P E C J A Y
J O M E R C H A A R H J A S M E U C O L X B
M Z S A S E R A T I V E R D U R A D N N S V
A A A U A A V O T V I Y E G A B E I S E A C
I A U L I D O I U Z F I H U O R Q A U Z M T
N L D J R E F P A P K O O D O U A O M X I N
G A A A E Y U A I S R C I A U Z I T O K Z B
E A V H T Y V D Q G I C A A I O Ç O I R U N E
S H E B C P F R T A A A A R Y R C A N C E R
T J L O A O O A A U E V A A I K X Q A A G H
Ã A P M B R E C U E A N J K V E M A R A I A
O N O Z I X R A U I O O O O E B A X A T S A
Y A I A E B T X V I U D U U N A A A F Y Q J
C P L E T I T E P A U V L A T E G E V X N H
```

Pizza fatiada

A pizza foi cortada em oito fatias. Quais delas são exatamente iguais em formato e conteúdo?

caça-palavra

Erosão

O processo de **EROSÃO** é caracterizado pelo deslocamento de terra ou **PEDRAS** devido à ação da **NATUREZA** ou do homem.

CHUVAS fortes, **VENTOS** e mudanças de temperatura podem provocar **DESABAMENTOS**, afundamento de terrenos e queda de **BARREIRAS** e de **ROCHAS**.

Um dos grandes responsáveis pelas mudanças que ocorrem na **SUPERFÍCIE** do planeta é o desmatamento de áreas de encosta. Sem a proteção **VEGETAL**, a água das chuvas vai amolecendo o solo, causando o **DESLIZAMENTO** de terra.

A mineração é outra atividade que pode afetar o solo. Nas **JAZIDAS** de **MINÉRIO**, quando uma grande quantidade de terra é retirada sem que seja feita uma contenção, o risco de soterramento é grande.

Assim, para se evitar erosão, recomenda-se não retirar a vegetação das **ENCOSTAS**, planejar as construções levando em conta o terreno e locais **DESMATADOS**.

O	C	W	T	O	L	X	S	A	V	U	H	C	A	J	A	Z	I	D	A	S	Q
S	O	T	N	E	M	A	B	A	S	E	D	A	X	R	C	E	N	E	I	E	A
T	D	M	B	I	L	X	I	I	U	A	N	Y	K	O	Z	E	Q	S	L	Y	J
R	A	E	A	E	N	C	O	S	T	A	S	U	S	C	Z	R	H	L	Q	N	T
E	U	I	S	A	R	I	E	R	R	A	B	A	O	H	M	O	I	I	U	O	A
F	Z	O	F	A	I	B	E	O	S	F	Q	X	O	A	Y	S	A	Z	A	O	Z
L	A	O	B	B	V	E	G	E	T	A	L	I	U	S	W	Ã	Z	A	U	D	E
O	I	R	E	N	I	M	Z	U	P	D	V	U	T	Z	A	O	Q	M	Z	I	R
R	J	C	Z	C	E	C	R	W	O	F	I	S	L	E	F	C	O	E	O	G	U
E	O	X	O	A	J	O	E	M	M	B	V	K	O	U	O	U	I	N	E	B	T
S	O	D	A	T	A	M	S	E	D	E	A	O	A	T	O	D	U	T	V	N	A
T	X	A	O	O	Z	P	E	D	R	A	S	A	F	I	N	Q	P	O	K	O	N
A	A	N	U	A	U	E	C	O	D	C	P	X	U	O	V	E	I	A	O	A	J
R	A	V	Q	E	I	C	I	F	R	E	P	U	S	S	H	A	V	V	S	E	T

caça-palavra

ILUSTRAÇÃO: GUTO DIAS

Inhotim

```
F O X E L P M O C I A
I U W S I F J X Z C O
K O V R E C A L O H G
K B O A A S D A M I S
U A T U R I S T I C O
T E I L V E E I E N C
B O E A J L B D A L I
Q P A I S A G I S T A
A Z P A I A F X T F L
A S A T I S I V Q J A
A A R U T R P U M I F
O V O E Z G U P M N V
Z I I T O O F A Z H I
U T Q N A I E R E O E
Z A K O W E J Q U T V
A C U Z R S E U E I O
F U O I M S O E O M F
I D E R K A S B O X H
U E E O V P C N U E U
E M O H R U U Z T A L
S U U E O U S R L R A
U I M Q U V A E E O Z
M U U A W O U T I A S
E A Q G D W I I U A E
O B O T A N I C O W I
O C A U M O O F A S C
U B A C S A N I M W E
L E R Y E A M Y T G P
M A A A I O B A P U S
I D P U S O U M A T E
```

INHOTIM, localizado em Brumadinho, a 60 km de Belo **HORIZONTE**, é uma mistura de jardim **BOTÂNICO** com **MUSEU** de arte contemporânea ao ar livre. A idealização do espaço data da década de 1980, quando o empresário Bernardo Paz implementou as sugestões do **PAISAGISTA** Roberto Burle Marx para os jardins de sua propriedade particular. O projeto cresceu e se transformou em um grande **COMPLEXO** paisagístico. Em 2002, foi fundado o Instituto Cultural Inhotim. Mas somente em 2006 o **PARQUE** abriu as portas para o público em geral, com **VISITAS** regulares e sem necessidade de agendamento. Além de ter transformado Brumadinho em um importante polo **TURÍSTICO** em **MINAS** Gerais, Inhotim é reconhecido pela preocupação com o desenvolvimento **SOCIAL** das áreas do seu entorno, por realizar ações **EDUCATIVAS**. O visitante pode conhecer **OBRAS** de alguns dos principais artistas plásticos contemporâneos e um variado **ACERVO** de plantas que privilegia as **ESPÉCIES** brasileiras. Uma ótima opção de **PASSEIO** para quem gosta de paisagismo, **ARTE** e atividades ao ar livre.

caça-palavra

Tragédia no mundo do boxe

Uma **TRAGÉDIA** se abateu sobre o mundo do **BOXE** em 2012: a morte do **LUTADOR** porto-riquenho **HECTOR** "Macho" **CAMACHO**. O boxeador se envolveu em uma **DISCUSSÃO** depois de um **ACIDENTE** de carro e levou um **TIRO** no lado esquerdo do **ROSTO**. Camacho faleceu no hospital depois de diversas tentativas dos **MÉDICOS** de reanimá-lo. Seu amigo Adrian **MOJICA** Moreno também foi baleado e morreu na hora. A vida do atleta sempre foi conturbada. Hector chegou a usar **DROGAS** e teve inúmeros problemas nos seus dois **CASAMENTOS**, incluindo acusações de agressão às **MULHERES**. Dentro do **RINGUE**, porém, manteve uma carreira de conquistas, com 79 **VITÓRIAS**, 6 derrotas e 3 empates. Camacho participou de **CONFRONTOS** históricos com grandes nomes do esporte, como Sugar Ray Leonard, Oscar de La **ROYA** e Júlio César Chávez.

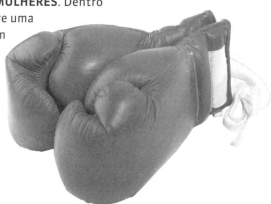

R	A	P	N	U	Q	U	C	A	I	D	E	G	A	R	T	P	O	U	A	Z	K
D	H	E	C	T	O	R	K	I	X	X	A	A	D	A	A	M	V	Y	Y	O	A
Q	W	O	A	A	G	O	U	Z	T	Q	K	I	U	R	A	E	O	U	A	O	N
O	S	A	I	R	O	T	I	V	B	I	U	R	U	M	U	R	V	A	I	H	D
D	U	C	V	O	Z	D	A	D	U	U	R	J	M	O	E	K	E	O	C	C	A
I	G	D	L	U	T	A	D	O	R	Z	D	O	A	J	I	U	T	E	A	A	M
S	K	A	B	U	F	M	A	U	C	O	Y	E	M	I	H	E	Z	A	S	M	D
C	Y	E	B	E	Z	O	G	U	I	Z	U	A	Z	C	Ç	Q	E	U	A	A	T
U	A	H	O	A	O	R	E	T	N	E	D	I	C	A	A	U	Z	I	M	C	D
S	I	C	X	X	Q	H	H	U	V	I	A	A	Y	R	J	Q	O	Z	E	N	R
S	E	R	E	H	L	U	M	I	U	U	M	J	A	N	B	R	T	S	N	I	O
Ã	U	A	I	S	H	X	Y	C	O	N	F	R	O	N	T	O	S	Q	T	I	G
O	E	A	U	A	F	A	A	E	J	I	W	T	I	W	E	H	O	A	O	P	A
D	R	I	N	G	U	E	N	S	O	C	I	D	E	M	I	L	R	Y	S	I	S

gêmeos

São dois diagramas simétricos iguais e uma relação de palavras que devem ser encaixadas em ambos. Uma palavra está impressa em cada um. À medida que for resolvendo, você descobrirá em que diagrama devem ser escritas as palavras da lista. No final, metade das palavras foi para um diagrama e a outra metade, para o outro.

3 letras	PAÍS	CÔMODA	7 letras	RIGOROSO
ABA	POST	ETÍOPE	BARRICA	TRICOLOR
ARO	~~SOFÁ~~	ÊXTASE	CUIDADO	
ARU		FIANÇA	FORTUNA	10 letras
CÉU	5 letras	HEREGE	VIDENTE	FERRAMENTA
CIC	ARDIL	IMBUIA		ILUSTRAÇÃO
CLÃ	ATROZ	ISLAME	8 letras	INTERLÚDIO
EMA	DODÓI	MACIEZ	ACIDENTE	PAVIMENTAR
GÁS	FEIRA	MÉDIUM	AMAZÔNIA	
GNU	LONGE	MENTIR	AMOLECER	11 letras
MAL	SADAT	SURURU	PRETORIA	ANTAGONISTA
OLÉ	SLIDE	TÂMISA	REITORIA	ESTREMECIDO
ONU	ÚTERO	URBANO	RESPINGO	LOQUACIDADE
OPA				ODONTOLOGIA
PAU	6 letras			
POP	AÇOITE			
PRÉ	ALVARÁ			
REI	AJUSTE			
ROL				
TOM				
USO				

4 letras
ERMO
ESAÚ
FREI
MUDA
~~ÓDIO~~

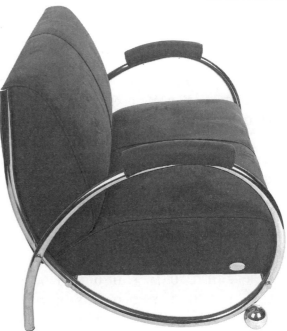

gêmeos

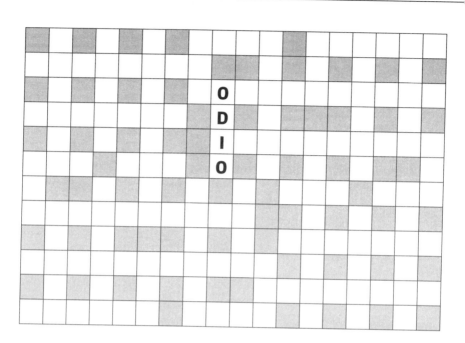

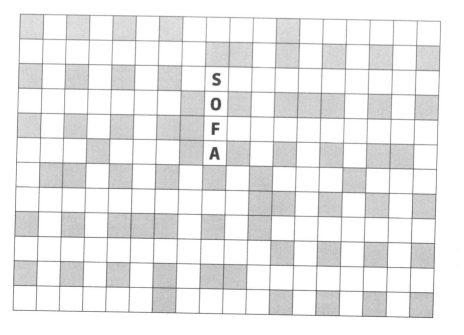

94 criptograma

Para letras iguais, símbolos iguais. Resolvido o passatempo, surgirão, nas casas em destaque, dois profissionais que atuam em delegacias de polícia.

Definição							
Pier Paolo (?), cineasta italiano.							
Alcaloide do cigarro.							
Ingrediente do panetone tradicional.							
Bruto; grosseiro.							
Promover o desenvolvimento.							
Campeão brasileiro de 1995 (fut.).							
Comida de má qualidade (gíria).							
Esboço de redações.							
Filme; fita.							
Como se destacou Paulo Freire.							
Piso de madeira para residências.							
Palavra que faz parte de uma língua.							
Cecília (?), poetisa brasileira.							
Produzir (mercadoria).							
Prenúncio de tempestades tropicais.							
Rastilho de pólvora.							
Correspondente (p. ext.).							

caça-palavra

Chá de panela

```
K W V R A G U L I C W
K A P A H E Q S E A U
Z O V B N X P S O N W
W B H I I V O A J I P
J Q E H R C O R U M W
Y U F Q D I C I M A V
A I F Z A P P E A Ç E
E T O I M M U D Q Ã R
R J S R A S F A A O L
N V R I F H B C C Y P
R I R M M A W N V L A
P I X R V A I I A T N
U A S E Z I X R T Y E
Q S A D I B E B E B L
O G Ç W O E O A A O A
Ã U N I C S S X R D T
Ç A A J U U E U T A A
A E I A A I U V G U E
Z A R Z V T A O E Y I
I K C G O Y K C P L J
N E Q I N W O U Y H F
A U Q I O A G X Q C O
G E X O I P A D R A C
R O Y C E Z A U U E N
O T N E M A S A C A X
I V I X E E T I E I I
S O M I X O R P R N H
O Y F E I E O I D A K
C S A D A D I V N O C
E F E M I N I N A D U
```

O chá de **PANELA** é uma das principais celebrações que antecedem a cerimônia oficial do **CASAMENTO**. Ao contrário do que muitos imaginam, esse momento não é apenas para se ganhar utensílios para a casa **NOVA**, mas também para se divertir com parentes e amigos mais **PRÓXIMOS**. A **ORGANIZAÇÃO** do evento geralmente não é responsabilidade da noiva, e sim de alguma **MADRINHA**, irmã ou cunhada, que elabora a lista de presentes e **BRINCADEIRAS**. Como a festa costuma acontecer durante o dia e exige bastante **ANIMAÇÃO**, o **CARDÁPIO** apresenta comidas **LEVES**, como salgadinhos e doces, acompanhados de sucos, refrigerantes e **BEBIDAS** alcoólicas. Em relação aos convidados, a reunião pode ser **MISTA**, com homens e mulheres, ou exclusivamente **FEMININA**. No caso da participação de ambos os gêneros, vale a pena preparar atividades não só para a noiva como também para o noivo. Bebês e **CRIANÇAS** podem fazer parte da comemoração, até para não dificultar a ida de algumas **CONVIDADAS**. Assim, é importante reservar um **LUGAR** com brinquedos, papéis e lápis coloridos para os pequenos se distraírem e ficarem juntos.

caça-palavra

Apneia

A apneia é um **DISTÚRBIO** respiratório que ocorre quando se está **DORMINDO**. Nela, deixa-se de **RESPIRAR** por alguns momentos, o que faz com que a pessoa acorde diversas vezes durante a noite.

Uma das principais causas da **APNEIA** é a **OBESIDADE**: 70% das pessoas afetadas por ela sofrem desse mal. **CANSAÇO** e **RONCO** são sinais de apneia leve. Porém, há indivíduos que têm mais de quinze episódios em uma única noite, o que compromete seu **COTIDIANO**, devido a **SONOLÊNCIA**, falta de concentração, **IRRITABILIDADE** e, às vezes, dores de cabeça.

Além disso, a apneia também pode levar ao surgimento de outros problemas de **SAÚDE**, como **HIPERTENSÃO** e diabetes.

O **TRATAMENTO** é feito com a utilização de um **APARELHO** denominado **CPAP**. Ele bombeia ar para as vias respiratórias, por meio de uma **MÁSCARA** que o paciente deve usar durante o sono. Isso ajuda a evitar as crises. **EXERCÍCIOS** físicos também podem ajudar, além de perda de peso e, em alguns casos, **CIRURGIA**.

A	Y	R	A	J	I	R	R	I	T	A	B	I	L	I	D	A	D	E	A	O	E
O	T	N	E	M	A	T	A	R	T	U	I	A	Z	Q	W	I	A	U	M	Ã	S
H	I	S	A	N	N	A	A	R	S	O	I	C	I	C	R	E	X	E	A	S	T
L	L	R	E	M	D	X	U	Z	O	U	E	B	N	K	O	D	I	A	A	N	T
E	B	A	C	U	A	O	D	N	I	M	R	O	D	O	A	E	N	V	N	E	O
R	C	R	A	P	N	E	I	A	U	C	A	C	M	A	U	A	M	T	D	T	N
A	K	I	N	Q	I	N	Z	A	A	O	R	C	P	A	P	A	A	E	I	R	A
P	U	P	S	I	D	L	O	T	C	U	S	V	K	G	E	A	S	I	S	E	I
A	D	S	A	T	B	Y	W	N	V	O	U	A	A	I	O	A	C	Z	T	P	D
A	Z	E	Ç	S	A	P	O	O	T	S	A	U	D	E	H	G	A	U	U	I	I
W	O	R	O	E	A	R	I	X	B	J	A	E	L	A	R	U	R	O	R	H	T
W	F	A	I	Y	W	U	Z	H	J	C	I	R	U	R	G	I	A	W	B	E	O
S	O	N	O	L	E	N	C	I	A	V	Z	U	Y	I	O	E	U	C	I	W	C
E	A	E	J	M	G	A	X	U	X	L	E	D	A	D	I	S	E	B	O	G	P

caça-palavra

A lenda da cegonha

Difícil encontrar explicação mais prática para o surgimento de um **BEBÊ** que a lenda da **CEGONHA**, não é mesmo? Essa história, contada por muitos pais aos filhos pequenos, originou-se na **ESCANDINÁVIA**, na época em que os nenês costumavam nascer em casa. Para explicar às crianças a chegada **INESPERADA** de um novo membro na família, dizia-se que a cegonha o trouxera e, de quebra, dera uma **BICADA** na perna da mãe, o que justificava o seu repouso após o **PARTO**. Agora, por que a cegonha? Primeiro, porque é uma ave considerada bastante **DÓCIL** e acolhedora, que oferece carinho especial às mais velhas ou **DOENTES**. Não é por acaso que os **ROMANOS** antigos denominaram uma lei que incentivava crianças a protegerem os idosos de "Lex Ciconaria" ("Lei da Cegonha", em português). Outra razão é que ela possui o **HÁBITO** de manter contato constante com seus **NINHOS**, seja para pôr **OVOS** ou cuidar dos filhotes, simbolizando a **FIDELIDADE** maternal. Apesar de essa lenda ser amplamente conhecida hoje, ela ficou famosa apenas na Escandinávia durante muitos anos. Somente no século XIX, a **HISTÓRIA** se espalhou mundo afora, graças ao dinamarquês Hans Christian Andersen (1805-1875), mestre dos contos **INFANTIS**.

A	U	U	A	S	E	T	N	E	O	D
S	E	I	I	Q	E	Z	G	O	T	W
S	O	N	A	M	O	R	E	T	R	W
O	A	Y	E	U	O	I	A	S	A	A
A	A	A	X	V	H	D	O	U	P	G
A	F	A	D	O	C	I	L	K	T	J
I	U	Z	E	O	W	Q	L	A	U	V
R	U	K	A	D	A	C	I	B	T	H
O	Y	O	T	C	A	F	N	U	R	C
T	E	U	A	S	A	O	E	I	A	E
S	O	A	S	I	D	Z	S	E	Z	G
I	H	I	A	T	D	O	P	E	D	O
H	R	O	A	N	O	O	E	Y	A	N
F	U	T	Z	A	M	I	R	O	U	H
I	A	I	O	F	H	D	A	W	Y	A
D	U	B	A	N	O	U	D	W	C	I
D	E	A	J	I	C	V	A	Z	A	A
A	U	H	P	E	I	Z	U	N	X	A
B	E	U	A	X	L	E	E	I	I	I
E	S	O	E	L	O	A	E	N	Z	V
D	Q	I	O	B	U	S	A	H	A	A
A	U	F	I	D	E	Y	A	O	A	N
D	C	E	D	U	D	B	L	S	A	I
I	O	O	K	H	A	U	Y	A	N	D
L	A	N	E	E	S	U	Y	J	I	N
E	I	A	X	A	D	H	O	J	N	A
D	M	H	A	J	I	V	Q	A	I	C
I	I	Q	L	E	O	U	A	N	Y	S
F	Z	I	O	S	E	D	Q	O	A	E
K	J	X	I	W	I	A	M	W	A	W

caça-palavra

O original é melhor

Hollywood está sempre refilmando clássicos do Cinema e, às vezes, erra feio. Veja algumas novas versões que não chegam aos pés dos originais.

"A **PANTERA** Cor-de-**ROSA**" (1963), com **PETER** Sellers, ganhou nova versão em 2006, com Steve Martin.

"**ARTHUR** — O Milionário **SEDUTOR**" (1981), estrelado por Dudley Moore, teve remake em 2011.

"As Esposas de **STEPFORD**" (1975), que é um filme de horror, foi refilmado, em 2004, com o título "Mulheres Perfeitas" e virou uma **COMÉDIA** com Nicole Kidman.

"As **MULHERES**" (1939), de George Cukor, ganhou nova versão em 2008, com Meg Ryan.

"**CONAN**, o Bárbaro" (1982), com Arnold Schwarzenegger, foi refilmado em 2011.

"**FÚRIA** de Titãs" (1981), com Laurence Olivier, teve remake em 2010.

"O Dia em que a **TERRA** Parou" (1951), de Robert Wise, ganhou nova versão em 2008, com o ator Keanu Reeves.

FOTO: WARNER

U	R	R	A	P	A	K	V	A	R	U	A	F	U	R	I	A	O	C	U	U	E
U	K	Q	J	A	R	E	T	N	A	P	E	U	V	U	A	P	H	O	A	A	J
N	U	B	O	M	U	S	O	U	M	A	U	J	Z	J	W	O	G	K	E	R	U
N	A	A	O	A	U	M	K	I	O	C	H	P	R	M	L	E	O	Q	U	T	A
F	O	N	A	J	S	U	R	N	D	S	T	E	P	F	O	R	D	I	R	H	M
M	I	K	O	B	V	L	I	O	U	E	A	T	E	Y	T	E	O	O	U	U	A
O	O	I	R	C	Q	H	B	X	I	D	T	E	E	B	O	H	S	C	K	R	G
A	N	O	C	A	O	E	A	F	Y	U	O	R	J	I	D	K	E	O	A	C	I
I	I	L	A	O	L	R	F	O	O	T	U	Q	Z	I	A	Q	M	M	O	L	A
V	G	E	R	R	O	E	X	E	A	O	L	A	E	U	A	R	C	E	C	A	A
E	H	U	O	U	X	S	I	P	L	R	L	A	E	R	T	W	A	D	U	Z	R
V	L	S	Y	V	I	D	U	D	F	E	A	O	R	T	E	U	Y	I	A	U	F
M	A	A	B	I	T	U	I	S	O	Q	U	E	D	F	Z	A	A	A	T	E	E
O	Q	O	I	M	B	A	C	O	V	W	T	N	O	N	Q	U	A	E	R	X	K

caça-palavra

Hinduísmo

O **HINDUÍSMO** originou-se em 3000 a.C., na cultura **VÉDICA**, e foi estabelecido na Índia pelos **INVASORES** arianos, por volta de 1500 a.C., sendo, hoje, a **PRINCIPAL** religião do país. Além dos **INDIANOS**, há seguidores no **NEPAL**, Paquistão, Sri Lanka e **INDONÉSIA**. Segundo a crença, o **COSMO** tem um eterno ciclo de criação, preservação e **DESTRUIÇÃO**, e, relacionado a cada uma dessas **ETAPAS**, haveria um deus **SUPREMO**: Brahma, Vishnu e Shiva, respectivamente. Vishnu simboliza a luz e a **VIDA**, enquanto Shiva, as **TREVAS** e a aniquilação; Brahma, por sua vez, é a união e o equilíbrio dos dois **OPOSTOS**.

Brahma, que, ao contrário de Vishnu e Shiva, não costuma ser representado, é também considerado o **CRIADOR**, tendo surgido como **ENCARNAÇÃO** do espírito universal Brahman. Com o passar do **TEMPO**, passou a ser menos cultuado, o que fez com que Vishnu e Shiva se tornassem as principais **DIVINDADES** do hinduísmo atual. Os **CÓDIGOS** sagrados da religião são os **VEDAS** e o Smriti, que inclui o Ramayana, o Mahabarata e o Bhagavadgita.

100 criptocruzada

Resolva esta cruzada, sabendo que letras iguais correspondem a números iguais. Damos um exemplo como ponto de partida. As demais letras devem ser descobertas por dedução e/ou lógica, sabendo-se que formam palavras horizontais e verticais. À esquerda, fora do diagrama, damos a tabela das letras usadas no exemplo impresso e os espaços em branco para completar com as letras que for descobrindo.

Nº	Letra
1	S
2	T
3	A
4	I
5	
6	
7	
8	
9	P
10	
11	
12	
13	
14	L
15	
16	
17	H
18	

				1 S	2	3	2	4	5	6
				3 A	7	1		8	3	7
				9 P	3	1	1	10	1	
				3 A	11	10	2	3	4	1
12	3	7	5	2 T	3	8	3		1	3
7	1		13	4 I	7	4	2	3		14
3	6	15	5	14 L		3	10	7	10	3
16	5	3	14	17 H	3	7		7	4	11
4		7	5	3 A	8		13	5	7	10
5	7	3		1 S	4	6	18	16	3	
1	5	13	10		3		14	17		17
4	11	3	2	18	7	4	8	3	8	10
8	3	2	4	14		7	5	8	3	7
3	6	3	16		16	4	12	3	6	5
8		6	3	1	1	3	18		2	4
10	15	3		9	3	7	10	8	10	1

caça-palavra 101

Podemos enganá-las!

Uma grande preocupação das pessoas, principalmente as **MULHERES**, é o aparecimento das **RUGAS**. Embora elas sejam uma consequência **INEVITÁVEL** do envelhecimento, podem ser atenuadas ou surgirem em pessoas ainda jovens, devido a alguns maus **HÁBITOS**, como fumar, **BEBER,** estressar-se em excesso, não dormir o necessário e não se proteger da **RADIAÇÃO** solar. O sol é o principal agente causador do **ENVELHECIMENTO** precoce, destruindo as fibras de **COLÁGENO** da pele. Por isso, uma das mais importantes atitudes de **PREVENÇÃO** das rugas é a aplicação frequente de protetor **SOLAR**. Além disso, há também a limpeza diária da pele, o uso de **HIDRATANTES** e cremes antirrugas, como aqueles compostos por vitamina C e **ÁCIDO** retinoico, e uma boa **DIETA**, rica em frutas e alimentos com colágeno. Porém, especialistas aconselham a somente ingerir as frutas, não passá-las na pele, pois podem causar manchas, arranhões e ferimentos. Para aquelas indesejáveis rugas já existentes, existem ~~TRATAMENTOS~~ cada dia mais avançados, como o preenchimento através da aplicação de ácido **HIALURÔNICO**, por exemplo. Contudo, a utilização de **COSMÉTICOS** e medicamentos, principalmente aqueles à **BASE** de ácidos, deve ser feita com o acompanhamento de um dermatologista.

E	U	N	H	O	G	V	E	V	I	O	C	I	N	O	R	U	L	A	I	H	H
O	A	S	I	U	O	D	I	E	T	A	T	F	Z	U	A	W	K	E	P	I	L
U	O	O	D	H	C	U	A	A	W	Z	R	F	D	M	D	N	R	A	T	A	P
U	E	C	R	X	C	O	L	A	G	E	N	O	E	J	I	N	U	U	R	E	R
U	U	I	A	V	T	W	U	P	V	D	N	N	A	O	A	E	G	O	A	O	E
I	C	T	T	S	O	L	A	R	A	Q	B	A	E	R	Ç	M	A	I	T	P	V
U	E	E	A	X	A	U	Z	M	F	L	Z	A	O	Z	Ã	E	S	N	A	H	E
O	O	M	N	T	U	R	E	B	E	B	R	L	S	S	O	I	V	E	M	A	N
D	A	S	T	U	V	K	B	O	J	A	V	W	P	E	O	O	Q	W	E	W	Ç
I	Y	O	E	A	U	M	U	L	H	E	R	E	S	U	F	S	Q	A	N	B	Ã
C	A	C	S	E	I	O	A	A	B	J	M	A	U	E	Q	O	A	W	T	P	O
A	O	C	S	F	A	E	N	V	E	L	H	E	C	I	M	E	N	T	O	I	D
L	A	I	P	O	U	Y	V	O	I	E	V	M	E	I	D	R	R	X	S	O	T
U	H	A	B	I	T	O	S	H	L	E	V	A	T	I	V	E	N	I	N	C	P

caça-palavra

E Freud disse...

Sigmund ~~FREUD~~ foi um **MÉDICO** vienense, que nasceu na Morávia, atual República **TCHECA**, em 1856, e morreu em **LONDRES**, em 1939. Foi consagrado como o fundador da **PSICANÁLISE**, caracterizada como um novo método de psicoterapia através da **LIVRE** associação, em que o **PACIENTE** expõe o que lhe vem à **CABEÇA**, revelando pensamentos e **LEMBRANÇAS** reprimidos, para que o psicanalista os interprete. Freud, além de muitos ensinamentos, nos deixou frases como:

"Qualquer coisa que encoraje o crescimento de laços **EMOCIONAIS** tem que servir contra as guerras."

"Às vezes, um **CHARUTO** é somente um charuto."

"Cada um de nós tem a todos como **MORTAIS**, menos a si mesmo."

ILUSTRAÇÃO: AMORIM

"A **VERDADE** a cem por cento é tão rara como o álcool a cem por cento."

"O homem pode defender-se dos **ATAQUES**; contra o **ELOGIO**, se está sempre indefeso."

"A **HUMANIDADE** progride. Hoje, somente queimam meus **LIVROS**; séculos atrás, teriam queimado a mim."

A	S	M	N	U	D	H	U	M	A	N	I	D	A	D	E	N	W	C	S	K	A
K	U	B	V	U	K	R	A	A	Y	A	M	O	N	T	C	H	E	C	A	L	G
O	F	R	E	U	D	E	B	A	L	I	V	R	O	S	I	C	J	F	Ç	X	I
U	W	A	A	A	I	A	S	Q	K	K	J	A	A	B	M	A	R	A	N	W	K
A	O	L	F	F	R	O	E	J	P	O	T	U	R	A	H	C	A	E	A	G	M
O	A	O	E	C	V	E	R	D	A	D	E	N	Y	K	T	A	U	M	R	O	O
I	V	N	I	U	Z	E	O	S	Z	S	O	Y	R	E	S	A	K	O	B	O	R
G	V	D	T	O	C	I	D	E	M	I	A	E	A	Ç	E	B	A	C	M	B	T
O	D	R	K	H	E	A	M	Z	N	V	H	Q	J	O	T	E	A	I	E	V	A
L	Z	E	U	M	J	L	C	A	T	A	Q	U	E	S	I	U	E	O	L	U	I
E	I	S	O	Q	I	I	U	U	F	C	A	O	R	W	F	A	V	N	D	R	S
N	K	T	D	V	Y	X	C	A	P	A	C	I	E	N	T	E	P	A	E	X	R
D	U	B	R	O	O	S	G	C	Z	X	A	E	U	E	A	O	H	I	E	N	A
K	R	E	X	D	R	P	S	I	C	A	N	A	L	I	S	E	Q	S	A	E	R

caça-palavra 103

Receita de vidro

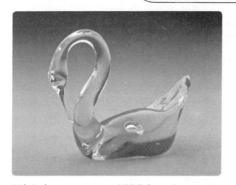

Já há algum tempo, o **VIDRO** está presente em quase tudo à nossa volta, sendo um dos **PRODUTOS** mais úteis e ecologicamente **CORRETOS** do nosso dia a dia, uma vez que pode ser 100% reciclado e **REUTILIZADO** muitas vezes. O processo de **FABRICAÇÃO** do vidro apresenta detalhes que precisam ser seguidos como uma **RECEITA**. O produto é feito de aproximadamente 70% de **AREIA**; o resto são **COMPONENTES** químicos, como sódio, cálcio, entre outros. Todos esses **INGREDIENTES** são misturados e aquecidos em um **FORNO** a uma temperatura que chega até 1.500° C, quando se fundem e se transformam em uma gosma viscosa e **DOURADA**. Esse líquido é moldado e, com o uso de um **CANUDO**, injeta-se ar no material até este ficar no **FORMATO** desejado, processo que pode ser **ARTESANAL** ou industrial. Após terminar o molde, basta esperar o **RESFRIAMENTO**, e o objeto está pronto. O chamado vidro **TEMPERADO**, usado em mesas, boxes e carros, recebe um tratamento **TÉRMICO** diferenciado, que o torna mais **RESISTENTE**. Através dessa receita básica, são feitas lindas garrafas, taças, copos, enfeites e artigos de decoração, muitos deles encontrados em nossas casas.

```
C O M P O N E N T E S
D S O T E R R O C U D
D O U R A D A E U W D
N U O D A R E P M E T
R S E O M Y W F E G A
E I I J O C I M R E T
S A N M A Z U N V H I
I O G I G R O E D A E
S A R O O Q D U A I C
T E E O F P A R D Z E
E K D C A G Z V I V R
N I I E B C I H D A Z
T P E P R U L A P O J
E A N E I Y I M R D L
C D T I C O T A O A A
U U E P A T U E D G N
B E S O Ç E E U U D A
I R K Q Ã A R P T A S
N I A O O A U E O G E
A E L D R S D U S I T
R M U U E B G B C A R
E P I N C A M A O A A
S A E A Y A B N O U C
F N C C A E T N A V G
R S A Q A I R A Y I O
I E A P R O L U U D I
A E V L F Y H M E R J
M P L Q E V A I A O N
E J W I A E M I O F O
N I F T R O A H E J I
T A A E A A K I H R A
O T A M R O F B E R A
```

caça-palavra

Alimentos contra a TPM

A temida TPM (Tensão Pré-Menstrual) pode ser aplacada com uma mudança na dieta. A irritação, **ANSIEDADE**, o péssimo **HUMOR** e os sintomas físicos diminuem com a **ALIMENTAÇÃO** certa.

Para combater o **INCHAÇO** que acompanha esse período, inclua, em suas refeições, o abacaxi, a ~~LARANJA~~ e tudo o que tenha fibra e seja diurético, para que o **INTESTINO** funcione bem e não haja retenção de líquido. Não se esqueça, também, de beber bastante **ÁGUA** e trocar o **AÇÚCAR** pelo mel.

Contra a irritação, nada melhor do que o **MARACUJÁ**, o melão, a alface e o **ESPINAFRE**. Para levantar o humor, invista em alimentos ricos em vitamina B6, que ajudam na produção da **SEROTONINA**, o **HORMÔNIO** do bem-estar, como a **AVEIA**, o amendoim, a **BATATA** e o **SALMÃO**, que, além de tudo, é um **PEIXE** rico em ômega-3, **NUTRIENTE** que diminui a irritabilidade e as dores na mama.

Se o problema são as cólicas, faça um caldo de **CEBOLA** cozida e lembre-se de que ela combate a enxaqueca e é laxante.

```
H A P I K O O W I O U
B O O O I N O M R O H
A O U A I Q A P I R E
E Ã T A U X A I O E M
U M F I L H I V S I U
R L T U A C N D E S V
E A J I R L N A U I A
A S V P A M S U A S A
S G R T N L T V A H U
X O Z N J A B U W U E
S E R F A N I P S E U
A U B O I U A A S A O
E A O R C J O R Z J A
D Z N K E C F O A R L
A G I E B M F M U O I
D J T C O A Z U A Ç M
E Q S S L R S H E A E
I H E Y A A N E M H N
S A T H U C O G U C T
N I N Y I U Y O E N A
A Q I M P J K A O I Ç
M O X A T A T A B U Ã
K R Q A O A I B A T O
S E R O T O N I N A A
I J E E A F A O I A A
E A Ç U C A R X A I A
I K X A A I A K E U J
U U E I U E A U G Y I
E X I E P L A A D O U
O W G J G V V D S B O
  F E T N E I R T U N
```

caça-palavra

Outono

As ~~ESTAÇÕES~~ do ano mudam de acordo com o movimento de **TRANSLAÇÃO** da Terra, ou seja, o deslocamento do **PLANETA** em torno do Sol.

O **OUTONO** é considerado por muitas pessoas a mais **AGRADÁVEL**: as temperaturas são **AMENAS** e os dias, claros e ensolarados, além de ser a época da **COLHEITA** de diversas frutas e **HORTALIÇAS**.

No Hemisfério Norte, o outono compreende o período entre 23 de setembro e 22 de dezembro; já no **HEMISFÉRIO** Sul, acontece entre 20 de março e 20 de junho.

As principais **CARACTERÍSTICAS** dessa estação são as **NOITES** mais longas do que os dias, baixa **UMIDADE** do ar, queda de temperatura e mudança **GRADUAL** na **COLORAÇÃO** das **FOLHAS**, que caem, deixando muitas árvores completamente nuas.

S	H	U	E	S	E	S	T	A	Ç	Õ	E	S	E	P	L	A	N	E	T	A	E
I	A	A	R	I	U	U	Z	P	Z	W	R	B	E	P	F	S	A	U	A	A	F
N	E	H	U	F	L	A	U	D	A	R	G	T	O	U	T	O	N	O	H	N	H
O	J	A	L	T	Q	W	O	D	B	H	A	A	A	C	R	P	U	I	U	U	O
E	U	U	B	O	N	I	U	M	I	D	A	D	E	I	A	O	H	S	A	A	I
T	O	H	E	A	F	A	A	R	C	Y	F	N	C	A	N	Q	O	A	S	E	A
S	A	C	I	T	S	I	R	E	T	C	A	R	A	C	S	Z	R	A	A	U	G
D	H	O	K	L	K	E	E	G	A	L	I	R	A	U	L	O	T	E	N	C	R
E	Y	L	C	O	I	R	E	F	S	I	M	E	H	I	A	U	A	S	E	O	A
W	X	H	E	I	V	V	O	U	V	U	I	A	Y	U	Ç	A	L	I	M	I	D
A	L	E	N	I	R	U	A	E	E	R	J	A	Y	V	Ã	B	I	U	A	N	A
A	F	I	M	Z	O	Ã	Ç	A	R	O	L	O	C	E	O	I	Ç	H	V	Y	V
A	O	T	Y	Z	A	X	K	A	A	D	S	Q	G	A	Q	X	A	H	P	U	E
T	X	A	D	K	Y	A	S	E	T	I	O	N	J	A	Z	E	S	A	S	E	L

106 jogo dos erros

ILUSTRAÇÃO: ARIONAURO

Embora os dois desenhos se pareçam muito, há, entre eles, SETE pequenas diferenças. Quais são?

caça-palavra 107

Um bem precioso

ILUSTRAÇÃO: GUTO DIAS

Que tal tomarmos alguns cuidados para economizar **ÁGUA**? Veja:

Não esqueça a **TORNEIRA** aberta enquanto escova os **DENTES** ou se barbeia.

Durante o banho, **FECHE** o chuveiro enquanto estiver se **ENSABOANDO**.

Para lavar o **CARRO**, use água no **BALDE**, em vez de mangueira.

Para limpar o chão, utilize **VASSOURA**, em vez de água.

Espere acumular **ROUPA**, antes de usar a máquina de **LAVAR**.

Sempre que possível, **REUTILIZE** a água.

Capte água da **CHUVA** para lavar o carro, o quintal e **MOLHAR** as plantas.

Mantenha **REGULADA** a válvula do **VASO** sanitário.

Não **DEMORE** a consertar **VAZAMENTOS**.

U	V	A	Z	A	M	E	N	T	O	S
S	D	Z	E	Q	R	E	Y	O	I	P
W	L	A	V	A	R	Z	Y	G	M	E
U	Y	P	I	J	S	F	E	C	H	E
J	R	V	N	I	U	P	I	H	O	A
E	N	S	A	B	O	A	N	D	O	L
I	O	V	F	E	O	Y	Y	E	I	V
A	F	A	D	A	L	U	G	E	R	A
W	I	A	R	C	N	H	A	A	T	J
A	D	E	D	L	A	B	O	E	E	V
W	D	X	A	O	E	U	E	O	A	S
Q	R	H	T	O	I	H	U	S	P	S
J	O	O	B	O	A	U	O	E	U	R
K	U	A	A	P	E	C	A	M	F	I
U	P	I	E	U	P	U	H	S	A	G
R	A	H	L	O	M	L	Q	L	U	M
J	E	O	U	W	E	T	C	E	G	A
U	Y	T	Q	I	W	X	P	R	A	V
T	O	R	N	E	I	R	A	N	S	H
E	H	U	A	A	E	L	R	T	A	U
C	L	K	X	R	L	C	U	W	A	R
A	O	A	C	K	X	B	O	I	C	I
I	R	L	A	U	W	A	S	I	A	U
L	I	U	R	A	I	X	S	A	V	M
S	O	A	R	S	I	A	A	U	U	T
E	N	V	O	E	U	C	V	L	H	T
T	Y	L	Y	K	U	A	U	A	C	I
N	I	O	S	M	A	C	N	D	A	M
E	Z	I	L	I	T	U	E	R	N	T
D	F	U	U	A	D	O	L	U	A	F
F	I	D	E	M	O	R	E	O	H	E

caça-palavra

Emagreça jogando

Há muito preconceito em torno dos ~~JOGOS~~ eletrônicos, sob a alegação de que incentivam a **VIOLÊNCIA**, o individualismo, o **SEDENTARISMO** e causam **DEPENDÊNCIA**. Tudo isso não passa de uma visão equivocada. Entre os participantes, há **COMPETIÇÃO**, sim, mas não uma **RIXA** pessoal. Dá para fazer muitas amizades no **MEIO**, praticando on-line ou se encontrando em **FEIRAS** de convenções. E quanto ao sedentarismo? Nesse caso, a **PROVA** viva de que o videogame pode ser um aliado para o **RESGATE** da autoestima é um canadense. Ele perdeu 20 kg inspirando-se em seu avatar, o coronel **APOSENTADO** Roc Wieler, no jogo "Eve Online". Ao notar que não se parecia em nada com seu **HERÓI**, resolveu, de forma **LÚDICA**, bolar missões para a **EXECUÇÃO** de exercícios físicos. Tal incentivo lhe rendeu ótimos resultados, e agora Marcus promove um blog divulgando seu personagem, para **MOTIVAR** outras pessoas.

```
A D W A L U D I C A I
N A C I O B F D N P M
E I A I O S V J B O Q
J O U H Ã J L R T S W
U M M A Ç J A A E E A
A S L U I C A R O N I
A I L U T O W A E T C
O R O R E E V V J A N
K A E B P I I I P D E
A T O A M L B T B O L
U N A A O B G O C O O
A E A I C A O M Y A I
A D S U E S F Q A Z V
A E A E H O R N E M I
A S R W E B M O A O I
A D I T R R W S I Z X
B O E E O A U Z F E O
X U F A I I G A P V M
Y Q I Z V E A B T O F
P E P I O U B U I A I
A I C N E D N E P E D
F E E H U R A X E A X
E T A E E E E E R V E
E J O G O S H C L E T
B S P I L O A U P T A
A R R F P A A Ç I I G
O X U Y H V Y Ã E A S
X O I C O O B O H E E
U I H R M R P O I P R
G F E A Y P S O P U A
```

caça-palavra

O signo e a profissão

A Astrologia pode desvendar muitas características do indivíduo, não só na vida particular como também na carreira **PROFISSIONAL**. Aqueles que são de Câncer, Escorpião ou Peixes pertencem ao elemento **ÁGUA** e, por isso, agem pela **EMOÇÃO** e buscam sintonia entre sensibilidade e poder criador. Conheça o perfil de cada um desses signos.

Quem é de **CÂNCER** possui forte instinto **MATERNAL** e gosta de ajudar o próximo; assim, pode se dar bem na área da **SAÚDE** e em atividades com o público infantojuvenil. O apego ao lar contribui para o sucesso como **ARQUITETO** ou decorador.

Os de **ESCORPIÃO**, devido à atração por atividades de **INVESTIGAÇÃO**, têm grandes chances de formar uma carreira sólida na Psicologia, Psiquiatria, **MEDICINA** e até no Direito (no âmbito criminalista).

Por sua paixão pelo mundo das **ARTES**, o **PISCIANO** revela possíveis talentos para música, teatro, **DANÇA** e fotografia. Já a admiração pelo mar pode render êxito como mergulhador, **OCEANÓGRAFO** e biólogo marinho.

I	I	I	E	I	L	A	N	R	E	T	A	M	A	I	Y	D	J	A	F	R	S
O	U	A	M	V	E	A	V	I	Z	Q	D	U	E	S	C	O	R	P	I	Ã	O
Ã	Y	R	O	C	L	P	D	A	Y	A	X	A	Z	T	B	G	N	C	I
Ç	Q	A	Ç	M	L	I	A	R	O	C	E	A	N	O	G	R	A	F	O	A	P
A	O	R	Ã	L	U	S	E	T	R	A	D	H	O	A	G	C	A	N	C	E	R
G	U	Q	O	O	B	C	U	J	N	U	D	T	A	H	A	A	N	I	X	H	E
I	O	U	O	V	B	I	A	L	A	N	O	I	S	S	I	F	O	R	P	A	A
T	A	I	F	D	O	A	C	A	S	A	E	A	A	X	W	O	E	G	J	P	H
S	A	T	E	A	A	N	E	M	L	S	D	E	E	Z	Z	E	Q	O	Q	D	I
E	O	E	C	N	A	O	P	I	A	P	R	U	D	P	G	A	E	A	I	A	O
V	S	T	L	Ç	Z	M	F	I	A	O	W	O	K	U	E	U	O	H	G	R	M
N	A	O	U	A	A	T	O	E	A	E	I	K	A	A	A	P	L	R	I	U	J
I	Z	E	G	X	M	E	D	I	C	I	N	A	O	A	V	S	S	I	E	F	A

110 torto

VOAR

Devem-se formar as palavras seguindo em todas as direções, sempre ligando as letras em sequência direta, sem cruzar, sem pular e sem repetir letra (para que uma palavra tenha letra repetida, é necessário que essa letra também esteja duplicada no diagrama). Damos como exemplo uma palavra encontrada no diagrama. Só valem palavras de QUATRO letras ou mais. Na solução, constam 30 palavras formadas com este diagrama, mas, se você formar outras tantas, parabéns! Você tem um alto conhecimento de nosso vocabulário.

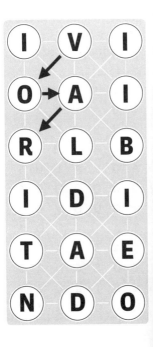

caça-palavra

Sujeira diária

Quando o assunto é **SUJEIRA** dentro de casa, muita gente se lembra do vaso sanitário. No entanto, alguns objetos usados diariamente deveriam levar **FAMA** pior que a **PRIVADA**. Saiba quais são eles e proteja-se.

CELULAR: Devido à falta de **HIGIENE**, muitos aparelhos são contaminados com **BACTÉRIAS** fecais. A situação é realmente preocupante, já que eles são utilizados próximo ao rosto e à boca.

CONTROLE remoto: É considerado um dos principais meios de propagação de **DOENÇAS** no lar, já que acumula grande quantidade de **GERMES**.

~~**TECLADO**~~ de computador: As brechas que separam as teclas abrigam **POEIRA**, restos de comida e também bactérias. Assim, o ideal é que ele seja higienizado pelo menos três vezes por semana.

ESCOVA de dentes: Pode ser contaminada com germes presentes não só na boca humana como também no **BANHEIRO**. Por isso, é fundamental mantê-la limpa, seca e com capa.

Pia da **COZINHA**: Aglomera até 100 mil vezes mais micro-organismos que a privada. Logo, deve ser **DESINFETADA** regularmente.

```
A A A A R X E F B E M
Q R P D A G O D A L F
U I I L D A D E Q M E
D E C A A J C S A F A
C J S Y V U T H I A E
W U O V I G E U E X T
O S T A R P C O E O U
T S T E P A L A A A M
S V J Q E Y A U E D V
O H O V A N D P U X I
I U E N U N O I Y A A
E X C K R I E D I T A
A L S A I R E T C A B
Y E I E M S U M A R P
E S C O V A G O Y I Z
Z O I H W D B W K E W
B S E M R E G M T O E
I O G R V L Z H I P P
C E L U L A R I M U U
Y P V Z T P Q G A L G
A T M B A N H E I R O
H P A J J U I U O A E
B I E N E I G I H E D
U E I A G Q D A O X O
C O N T R O L E E M E
I E K I N I O G T E N
A K G X H I E O A W Ç
D E S I N F E T A D A
U A R E E V E N Q X S
M A H N I Z O C I E S
```

problema de lógica

Resolva o passatempo, preenchendo o quadro. Coloque S (sim) em todas as afirmações e complete com N (não) os quadrinhos restantes (veja o exemplo). Para isso, use sempre a lógica, a partir das dicas.

Serviço de entrega

ILUSTRAÇÃO: CANDI

João Carlos e outros dois homens são motoristas de uma empresa de entregas. Cada um trabalha com um tipo de carga diferente. A partir das dicas dadas abaixo, descubra o nome de cada homem, o tipo de entrega que faz e quantos quilômetros dirige, em média, por dia.

1. O homem que entrega eletrodomésticos dirige uma média de 100 quilômetros por dia.

2. Nélson entrega flores para festas e casamentos.

3. João Carlos dirige em torno de 50 quilômetros por dia.

		Quilômetros			Entrega		
		50	70	100	Eletrodomésticos	Flores	Móveis
Nome	João Carlos						
	Leonardo						
	Nélson						
Entrega	Eletrodomésticos	N	N	S			
	Flores			N			
	Móveis			N			

Nome	Quilômetros	Entrega

caça-palavra 113

Acne em adultos

As incômodas espinhas, que são uma indesejável **PRESENÇA** na adolescência, podem se tornar um pesadelo ainda na fase **ADULTA**. Fatores emocionais e uso de cosméticos inadequados desencadeiam a produção de **CORTISOL**, hormônio associado diretamente com a proliferação da **ACNE**. O corticoide, substância encontrada em certos medicamentos, também é uma **PROVÁVEL** causa do problema. De todo modo, existem procedimentos que oferecem resultados satisfatórios. Uma das coisas a se fazer é excluir produtos que contenham **ÓLEO** em sua **FÓRMULA** e escolher cremes hidratantes e sabonetes adequados à sua **PELE**. Outra dica é não consumir alimentos ricos em **AÇÚCAR**, gorduras e sódio, pois esses nutrientes elevam a produção de **GLÂNDULAS** sebáceas. Evite atividades que possam estimular o **SUOR** em **EXCESSO**, já que a umidade **CUTÂNEA** cria um ambiente **PROPÍCIO** para a proliferação acneica.

B	R	B	Z	A	O	Q	A	Ç	N	E	S	E	R	P	X	P	O	C	Q	G	I
E	X	C	E	S	S	O	I	A	J	Z	I	R	R	L	C	I	O	O	A	L	U
H	M	G	M	E	Q	I	E	A	I	R	B	N	O	O	U	Z	U	R	I	A	J
A	I	O	U	E	A	K	G	E	O	U	C	O	A	P	H	O	E	T	K	N	Z
V	U	E	T	A	U	E	V	U	M	A	O	A	C	R	U	I	A	I	A	D	L
X	L	U	L	I	E	H	S	E	A	O	O	I	B	O	A	C	G	S	U	U	O
C	U	I	F	E	A	O	Q	A	O	H	A	A	U	V	O	I	E	O	F	L	U
U	C	S	U	I	P	L	U	J	E	O	O	D	K	A	M	P	U	L	B	A	M
T	A	I	R	D	G	V	I	Q	L	J	J	U	U	V	G	O	A	A	X	S	W
A	A	X	C	J	D	U	E	E	T	X	Y	L	W	E	E	R	A	I	O	A	U
N	A	M	I	H	Q	U	O	P	F	E	A	T	W	L	U	P	F	A	C	N	E
E	Q	C	I	J	U	A	U	E	A	O	G	A	I	N	S	O	E	A	U	M	T
A	P	I	R	A	C	U	Ç	A	B	O	M	X	T	U	A	K	A	I	A	O	G
T	D	N	E	I	Y	O	O	G	A	G	A	W	O	F	O	R	M	U	L	A	Z

114 numerox

Partindo do exemplo impresso como dica, preencha o diagrama com os números dados a seguir, respeitando os cruzamentos.

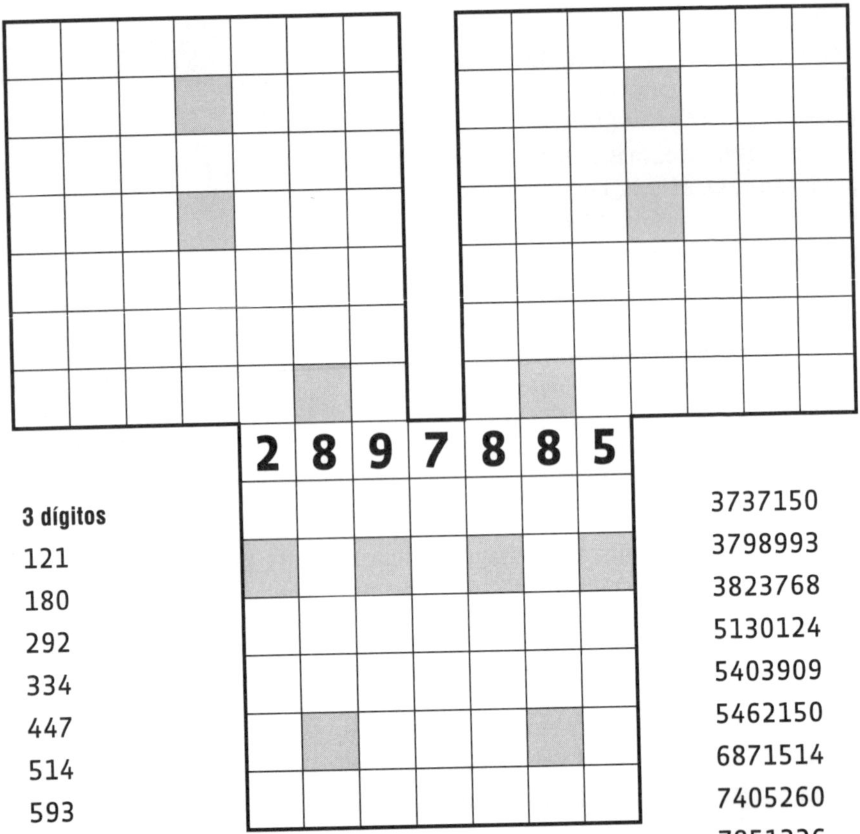

2 8 9 7 8 8 5

3 dígitos

121
180
292
334
447
514
593
611
729
819
900

4 dígitos

6996
8509
8993
9070

5 dígitos

02843
62440
87434
89070

6 dígitos

095176
449144

7 dígitos

0061023
1270882
1469212
1813378
2156128
~~2897885~~
3139136
3158805

3737150
3798993
3823768
5130124
5403909
5462150
6871514
7405260
7851326
8391678
9206643
9937576

9 dígitos

073966053
530488599
749851589
851537023

caça-palavra 115

Diagramação

ILUSTRAÇÃO: FERNANDO

A **ARTE** de determinar a disposição dos **ESPAÇOS** a serem ocupados pelo **TEXTO**, pelas ilustrações etc., em livros, jornais ou **REVISTAS**, é diagramar. Mas a diagramação obteve o formato atual depois da década de 1950, através das **MUDANÇAS** propostas por Amilcar de Castro, escultor brasileiro, que foi trabalhar com o escritor Otto Lara Resende na revista "Manchete". As **PÁGINAS** começaram a ser dispostas verticalmente; aumentou-se o espaço em **BRANCO** entre as **COLUNAS**; retiraram-se praticamente os **FIOS** (que separam elementos que podem ser confundidos); os **TÍTULOS** passaram a ser escritos em caixa-alta (**LETRAS** maiúsculas); padronizaram-se o **TAMANHO** e o tipo de **FONTE**; impôs-se o uso da **LAUDA** padrão de 30 linhas com 72 batidas; e houve a valorização do **MATERIAL** fotográfico. Antes, o **ARTIFÍCIO** era construído depois dos escritos prontos. Atualmente, o diagramador e o **EDITOR** desenham a página antes mesmo de ela existir fisicamente, ou seja, a **TÉCNICA** agora é a pré-diagramação.

L	A	I	R	E	T	A	M	N	T	S	E	N	O	L	E	T	R	A	S	K	P
I	X	T	F	J	T	M	X	N	X	W	O	X	L	P	D	V	G	P	L	O	B
F	N	E	T	N	O	F	R	G	A	H	L	I	L	K	I	X	R	A	X	H	B
D	B	N	B	D	T	L	M	Q	C	Z	Q	X	F	J	T	T	F	A	X	N	D
J	S	J	J	H	X	T	C	S	I	X	J	A	A	H	O	Q	Z	G	J	A	Z
P	A	C	K	V	E	Z	P	C	N	I	L	A	R	Q	R	R	X	Z	T	M	C
A	Ç	D	S	Q	T	O	D	O	C	Z	F	L	R	F	S	S	G	R	K	A	Q
A	N	T	O	N	L	C	Z	B	E	Y	S	F	F	T	S	S	V	E	R	T	G
K	A	B	Ç	G	Y	N	X	X	T	E	O	X	D	X	E	L	Z	V	M	B	P
A	D	U	A	L	Z	A	P	F	Y	N	L	W	D	Y	T	Q	Z	I	H	U	B
H	U	D	P	L	R	R	B	S	A	N	U	L	O	C	G	O	V	S	H	Y	Y
J	M	D	S	P	I	B	N	J	F	F	T	X	B	L	K	B	J	T	Z	B	Y
K	Y	L	E	G	C	G	X	L	D	Q	I	B	S	A	N	I	G	A	P	N	V
A	A	Y	Y	W	O	I	C	I	F	I	T	R	A	X	D	J	F	S	Z	W	J

caça-palavra

A seda

Muito admirada até hoje como um **TECIDO** de grande qualidade, a **SEDA** já era apreciada desde o **IMPÉRIO** chinês do século IX a.C., quando o **CULTIVO** do bicho-da-seda foi introduzido. O ~~INSETO~~ responsável pela sua **PRODUÇÃO**, enquanto lagarta, se desenvolve sob as **FOLHAS** das amoreiras e, quando adulto (**MARIPOSA**), abandona seu **CASULO**. É deste que se obtém uma **FIBRA** de proteínas que é trabalhada em **TRAMAS**. A diferença entre a produzida através de **ENVOLTÓRIOS** cultivados e os naturais é que a primeira tem maior uniformidade, **TEXTURA** mais fina e **FIOS** mais longos do que a segunda, pois são colhidos enquanto o **BICHO** ainda a habita. A **EVOLUÇÃO** de sua **TECELAGEM** se iguala ao desenvolvimento da **MÁQUINA** de tecer, que surgiu no ano de 200 a.C., o **TEAR** de **TRAÇÃO**, fazendo com que não só a produção, mas também a qualidade do tecido fosse ampliada. Sua apreciação cresceu tanto que ultrapassou as **FRONTEIRAS** asiáticas e, no ano 100 a.C., atingiu o Oriente Médio e a **EUROPA**, a chamada Rota da Seda.

J	V	G	U	V	E	C	A	R	E	L
J	S	R	L	F	T	P	H	C	N	O
C	Z	E	W	B	A	Q	O	C	V	T
V	H	Z	D	A	T	L	Ã	D	O	P
Y	P	Y	B	A	T	F	Ç	T	L	D
F	Z	P	H	J	H	B	A	N	T	M
D	O	H	C	I	B	D	R	X	O	K
X	M	W	V	M	Z	D	T	D	R	N
C	U	L	T	I	V	O	Z	L	I	K
K	T	X	N	Z	V	Z	X	D	O	F
P	C	V	T	S	F	V	O	B	S	P
R	Z	G	O	Y	I	L	T	Q	N	P
O	Z	I	F	W	B	D	Q	O	L	G
D	F	G	O	A	R	U	T	X	E	T
U	G	Y	L	H	A	R	J	V	Z	E
Ç	N	N	U	L	D	R	N	O	L	C
Ã	Q	S	S	J	V	E	D	I	C	I
O	B	N	A	B	D	G	J	R	G	D
N	T	E	C	E	L	A	G	E	M	O
A	R	W	Y	Y	Y	R	W	P	G	N
J	A	H	W	A	C	M	W	M	W	S
Q	M	T	D	S	W	A	D	I	L	W
O	A	W	H	O	K	Q	J	Y	M	E
Ã	S	R	Q	P	B	U	T	O	K	U
Ç	F	F	F	I	D	I	L	X	B	R
U	X	O	T	R	Z	N	B	E	J	O
L	Q	L	B	A	J	A	X	R	L	P
O	X	H	G	M	P	P	D	A	T	A
V	Y	A	F	U	B	X	Q	E	Z	W
E	T	S	N	I	N	S	E	T	O	Y
K	V	J	V	D	T	B	T	W	H	E
F	R	O	N	T	E	I	R	A	S	Y

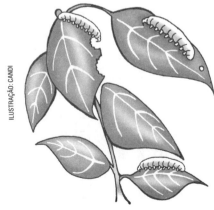

caça-palavra

Informes em 3D

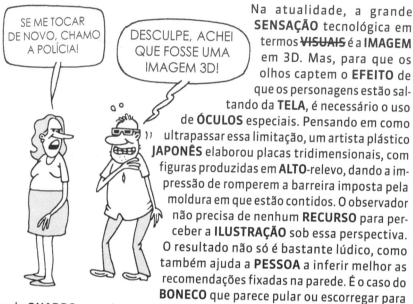

Na atualidade, a grande **SENSAÇÃO** tecnológica em termos ~~VISUAIS~~ é a **IMAGEM** em 3D. Mas, para que os olhos captem o **EFEITO** de que os personagens estão saltando da **TELA**, é necessário o uso de **ÓCULOS** especiais. Pensando em como ultrapassar essa limitação, um artista plástico **JAPONÊS** elaborou placas tridimensionais, com figuras produzidas em **ALTO**-relevo, dando a impressão de romperem a barreira imposta pela moldura em que estão contidos. O observador não precisa de nenhum **RECURSO** para perceber a **ILUSTRAÇÃO** sob essa perspectiva. O resultado não só é bastante lúdico, como também ajuda a **PESSOA** a inferir melhor as recomendações fixadas na parede. É o caso do **BONECO** que parece pular ou escorregar para fora do **QUADRO** em avisos que, respectivamente, orientam sobre uma **SAÍDA** de emergência ou o cuidado com **PISOS** escorregadios.

criptocruzada

Resolva esta cruzada, sabendo que letras iguais correspondem a números iguais. Damos um exemplo como ponto de partida. As demais letras devem ser descobertas por dedução e/ou lógica, sabendo-se que formam palavras horizontais e verticais. À esquerda, fora do diagrama, damos a tabela das letras usadas no exemplo impresso e os espaços em branco para completar com as letras que for descobrindo.

Nº	Letra
1	T
2	
3	O
4	C
5	D
6	
7	L
8	I
9	
10	
11	S
12	E
13	
14	
15	P

1	2	3	4	3		5	6	7	8
3		1	6	9	10	3	2		11
6	10	6	2		6	5	12	13	11
	8	14	8	4 (C)	8	3		2	3
3	14		4	3 (O)	7	8	4	6	
4	6	14	6	15 (P)	12		6	8	3
12	2	12	1	3 (O)		8	14	11	11
6		2	3	11 (S)	6	5	3		11
14	3	12		5 (D)	3	12	14	1	12
3	12	11	1	12 (E)		6		12	3
				7 (L)	6	7	6	13	
				12 (E)	8		14	11	6
				8 (I)	15	1	13		1
				1 (T)	8	2	6	5	3
				12 (E)	9	8	7	8	6

caça-palavra

Acupuntura

Se você pretende se **SUBMETER** a um tratamento de **ACUPUNTURA**, é importante que tenha alguns **CUIDADOS**:

- Procure **SABER** onde o acupunturista **ESTUDOU** e verifique se o curso é **RECONHECIDO** e se o profissional é **LICENCIADO**.

- Observe se o profissional tem **FORMAÇÃO** na área de sua necessidade, ou seja, sua **ESPECIALIDADE**, que pode ser **ESTÉTICA**, ortopedia etc.

- Verifique as condições de **HIGIENE** do local em que serão realizadas as **SESSÕES**.

- Certifique-se de que o profissional estará usando **AGULHAS** descartáveis e **LUVAS** cirúrgicas.

- Observe se o kit utilizado é de uso **INDIVIDUAL**.

- Uma **CONSULTA** não deve levar **MENOS** que 15 minutos.

```
L S G I N T G I Y B E
S E S S Õ E S N L C S
A Q A N C D K D T N T
H Z V F D S W I K J E
L X U Z W C I V X E T
U S L B G S X I X S I
G J M Q O Q X D W T C
A X F N K L T U N U A
L K E N X F N A T D Q
H M D F E W A L B O P
F B Q D O X J J K U B
S O D A D I U C V G E
U T X G I Q Q W E L N
B D B Z C Q G T D T E
M P Y B E Z I B E X I
E E C J H D B T B E G
T X O L N V O D X D I
E D Ã N O T L J W A H
R Y Ç Y C Q I B T D P
P D A W E T C H C I W
X M M Y R L E Y T L W
H F R D B V N D D A C
L E O P V V C F T I L
W T F N N J I D H C X
O N Q R E B A S D E K
L T T N P L D W M P M
A T L U S N O C X S E
Z F G N J D G Q T E G
F N R Y N N B S B W J
A C U P U N T U R A B
```

ILUSTRAÇÃO: FERNANDO

dominox

O Dominox consiste em escrever no diagrama, respeitando os cruzamentos, as palavras em destaque nas chaves.

Grandes jornais do Brasil

4 letras
"AQUI"
"Correio do POVO"
"MEIA Hora"
"Zero HORA"

5 letras
"A TARDE"
"AGORA São Paulo"
"DAQUI"
"Estado de MINAS"
"EXTRA"
"FOLHA de São Paulo"

"LANCE"
"O Estado de São PAULO"
"O GLOBO"

6 letras
"Diário GAÚCHO"

7 letras
"A TRIBUNA"
"Dez MINUTOS"
"Super NOTÍCIA"

8 letras
"EXPRESSO da Informação"

9 letras
"Valor ECONÔMICO"

11 letras
"Correio BRAZILIENSE"

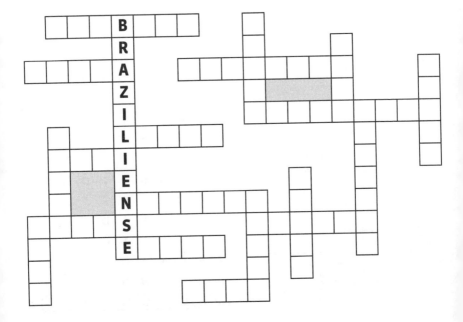

caça-palavra 121

Depressão em idosos

Numa sociedade em que pouco **VALOR** se dá à **VELHICE**, não é de se estranhar que os ~~IDOSOS~~ sejam acometidos por **DEPRESSÃO**. Atingindo os que moram sozinhos ou com a família, a depressão incide mais sobre aqueles que vivem em **ASILOS**.

De acordo com os **ESPECIALISTAS**, é a partir dos 60 ou 65 anos que começam a surgir os **MOTIVOS** mais frequentes para o desenvolvimento da depressão: **SOLIDÃO**, perda da **QUALIDADE** de vida, aparecimento de **DOENÇAS**. Ficar **ISOLADO** em um abrigo é, então, mais grave: se 20% dos que vivem sós, em suas próprias **CASAS**, ou dos que vivem com **FAMILIARES** são acometidos pelo mal, esse percentual sobe para 80% quando se trata dos internos.

A doença apresenta sintomas, como falta de **ÂNIMO** para sair de casa, crises de **TRISTEZA**, acompanhadas de queixas, e **CHORO** constante. É importante que, diante desses sinais, a família ou alguém próximo possa encaminhar o idoso para consulta com um **GERIATRA**. Todo cuidado é pouco, pois a depressão reduz a **IMUNIDADE**, predispondo a pessoa a **INFECÇÕES**, além de abrir brecha para estados de **CONFUSÃO** mental.

W	I	T	S	M	P	O	Ã	S	S	E	R	P	E	D	B	A	A	F	A	O	K
A	Z	K	E	O	Z	K	T	B	W	F	C	A	S	A	S	U	U	A	V	Ã	T
X	C	J	Õ	S	E	C	I	H	L	E	V	H	F	D	I	E	E	M	W	D	R
D	V	X	Ç	Q	C	E	I	A	S	O	L	I	S	A	E	I	D	I	P	I	I
O	W	O	C	W	I	O	R	Z	O	R	T	A	U	P	P	C	A	L	G	L	S
E	T	Ã	E	S	P	E	C	I	A	L	I	S	T	A	S	X	D	I	L	O	T
N	A	S	F	I	W	U	H	C	E	A	K	J	I	V	B	A	I	A	B	S	E
Ç	R	U	N	U	A	B	J	E	D	A	D	I	N	U	M	I	L	R	S	G	Z
A	T	F	I	O	S	O	G	E	E	I	Z	U	N	T	T	D	A	E	O	S	A
S	A	N	L	U	H	S	V	O	T	I	E	C	Z	Y	R	O	U	S	V	A	H
D	I	O	F	R	Y	A	K	I	S	O	L	A	D	O	I	S	Q	J	I	Y	Y
O	R	C	I	N	L	A	A	W	I	A	A	Y	U	Q	J	O	I	K	T	V	S
Q	E	X	A	O	D	O	C	H	O	R	O	S	I	C	A	S	J	C	O	O	T
A	G	E	R	M	O	A	A	Q	H	U	O	M	I	N	A	G	E	G	M	A	U

cruzadox

Partindo da palavra-chave já impressa, preencha o diagrama de palavras cruzadas com os vocábulos das chaves.

3 letras
ADO
ANU
BOM
CLÃ
GIM
ITU
LOA
ORA
ROL
SEA

4 letras
ARAS
ATRO
BAFO
BATA
BONÉ
CANO
CAOS
CAVA
CTRL
ERAS
ESAÚ
ESTE
ETNA
FOGO
GARE
GURI
GURU
LUAU
MANÉ
MARA
MOTO
OVAL
RUMO
SAGU
SOVA
TORA
ULNA
URRO
UVAL

5 letras
CLIMA
DORES
HÍMEN
LUFAR
~~MAMÃE~~
MEADA
NEURO
RETER

6 letras
AMÁSIO
FAMOSA

7 letras
ANILINA
ARMAZÉM

9 letras
COMERCIAL
FAXINEIRO

caça-palavra

Geleiras

GELEIRA é uma ampla massa de gelo, cuja formação pode durar até trinta mil anos, e que existe nas regiões **POLARES**. A **ANTÁRTICA** tem a maior de todas, com 14 milhões km².

Os principais **TIPOS** de geleiras são: as ~~ALPINAS~~ e as **CONTINENTAIS**. As primeiras, normalmente, se formam nas partes mais **ALTAS** das cordilheiras em que se encontram e são caracterizadas por rios cujas águas são congeladas. No segundo tipo, o **BLOCO** formado é muito maior que o primeiro, constituindo um grande manto gelado que se movimenta. As maiores geleiras continentais encontram-se na **GROENLÂNDIA** e na Antártica.

Além da importância de sua preservação por **CAUSA** do equilíbrio **TÉRMICO** do **PLANETA**, 90% delas são constituídas de água **DOCE**, ou seja, uma grande reserva desse líquido precioso que atualmente se tornou um enorme problema ambiental por conta de sua **ESCASSEZ**.

```
K S W O U U I O J W C I E D M I I A L T A S
O C B U A I B I J P O L A R E S K E D U I O
E S C A S S E Z E U N U N D E X L I B F I P
U A B T A G I P N G T O A S Y E Z A L U R I
S A U E A U T A A R I A X I I X Z W M A Y T
S C G N E J E D E O N H A N T A R T I C A D
Z L P A A F R U D E E S O Y Y O A Y U A E C
O A F L U L M U A N N O A L P I N A S R A G
E A E P O O I I Q L T A Q W O R A O U F O E
Z O V R K U C T O A A E F I C I R A C I S L
C P W D K F O E W N I D Q A M A B V W I R E
L J O E A M V I U D S A W N U O U N Z I U I
E C U R U Z S J A I O I D I G J V S K U A R
E H A O C O L B P A A U L E I H Z U A I E A
```

A melhor diversão das horas vagas!

#façacoquetel

solução

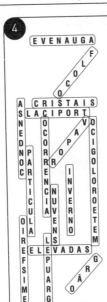

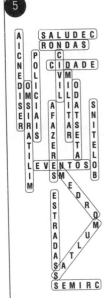

BRINCANDO NO CARNAVAL

Nome	Sobrenome	Nome (filha)	Fantasia
Mônica	Figueira	Gisele	Bailarina
Natália	Gomes	Bruna	Feiticeira
Olivia	Monteiro	Raquel	Cigana
Priscila	Guimarães	Simone	Havaiana
Rebeca	Laurindo	Adriana	Índia

Eis aqui algumas das palavras que encontramos no diagrama de letras do "TORTO":

ater, cardeal, cela, certa, cimo, degola, delta, dica, dito, galo, gear, gelo, geral, gola, golear, gótica, iole, ladear, lagoa, lerda, mico, moita, ócio, olear, ótimo, ralo, real, tarde, toca, trela.

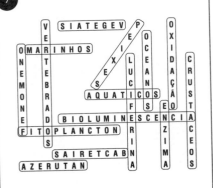

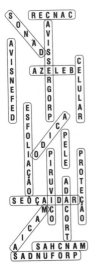

solução 127

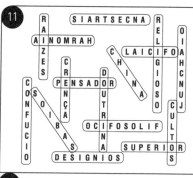

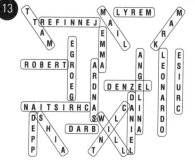
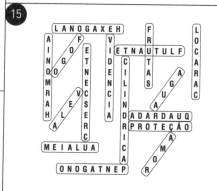
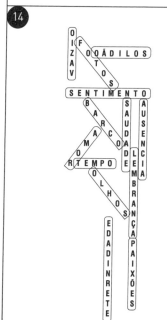
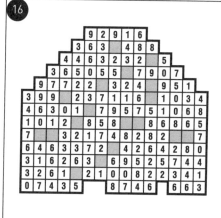

solução

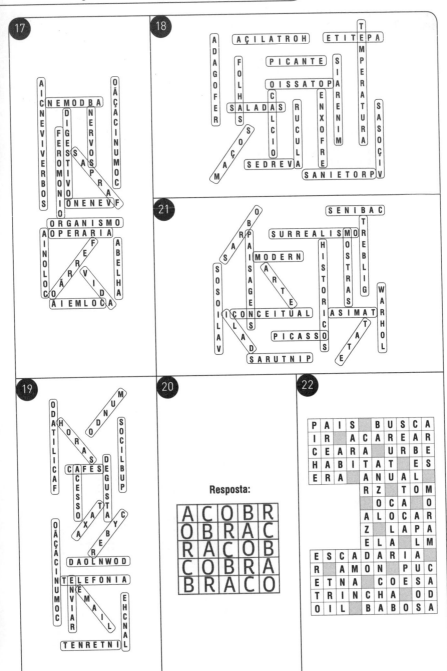

solução

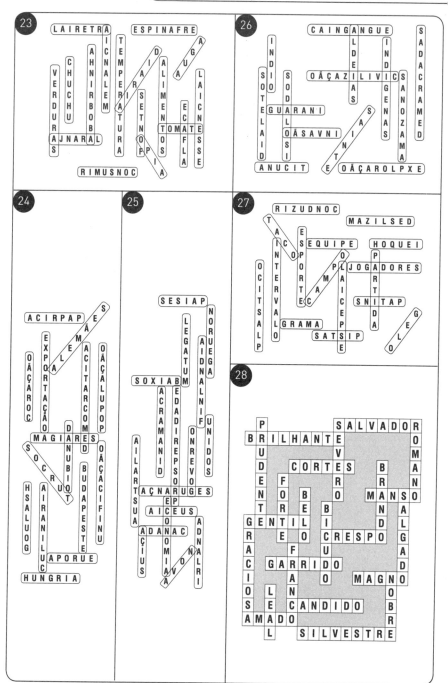

130 solução

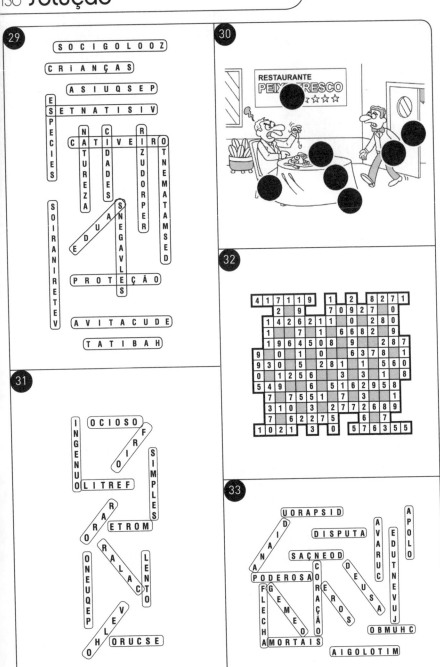

solução

34

CONTRATEMPOS NA COZINHA

		Prato			Problema		
		Arroz	Empadão	Ensopado	Cortou o dedo	Faltou gás	Queimou a comida
Nome	Maura	N	N	S	S	N	N
	Tatiana	S	N	N	N	N	S
	Vilma	N	S	N	N	S	N
Problema	Cortou o dedo	N	N	S			
	Faltou gás	N	S	N			
	Queimou a comida	S	N	N			

Nome	Prato	Problema
Maura	Ensopado	Cortou o dedo
Tatiana	Arroz	Queimou a comida
Vilma	Empadão	Faltou gás

35

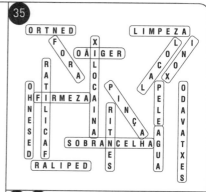

36 / 37

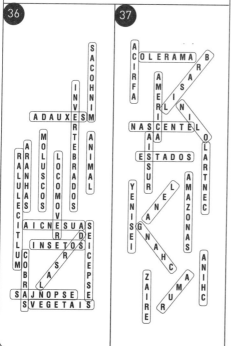

38 / 39

```
R E F E M
L O R D E
C H A V E
H I N D U
P O Ç O
M A O M E
C O I C E
M O S C A
A M E N A
R U M O R
I N C A S
E R R A R
R U I R
D E L O N
D U Q U E
T O N E L
R O S T O
```

FRANÇOIS MARIE AROUET (1694-1778), dito Voltaire, filósofo e autor francês:

"É MELHOR CORRER O RISCO DE SALVAR UM HOMEM CULPADO DO QUE CONDENAR UM INOCENTE."

solução

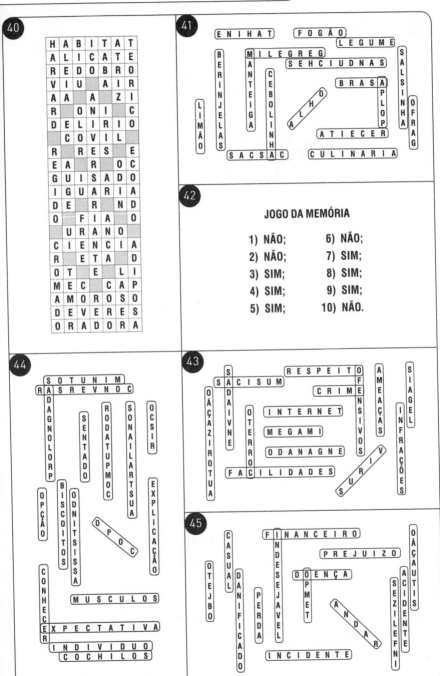

solução

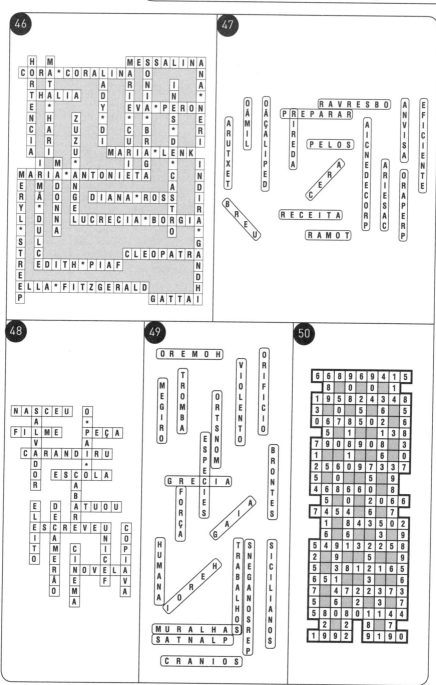

134 solução

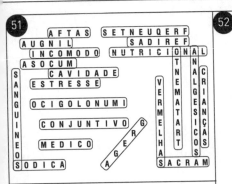

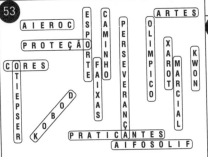

58
Eis aqui algumas das palavras que encontramos no diagrama de letras do "TORTO":
ágar, agave, amora, arado, arear, arma, aroma, belga, breado, desbravador, domar, draga, ermo, erva, gávea, lebre, legada, maré, meada, moda, ramo, rêmora, roda, sedar, vaga, vara, veado, verba, verde, voar.

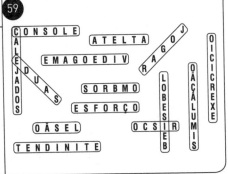

solução 135

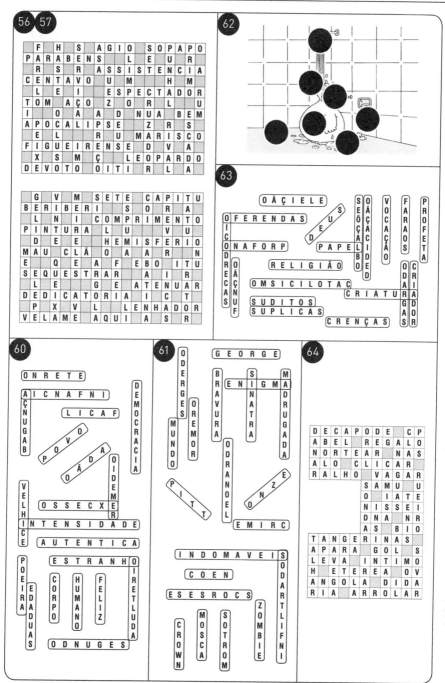

136 solução

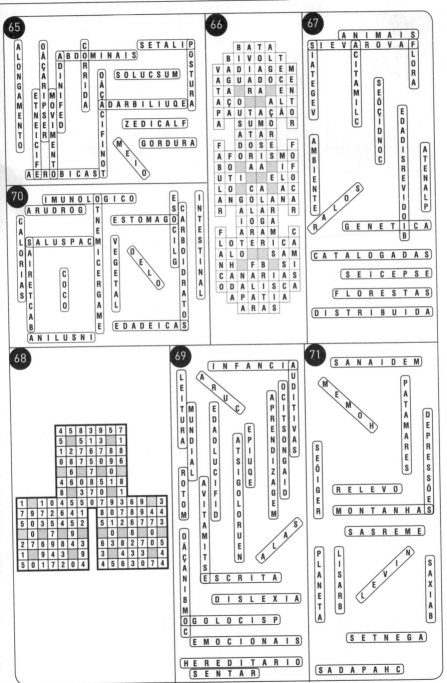

solução 137

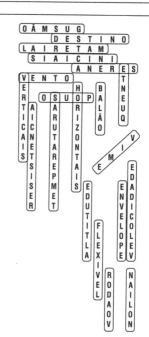
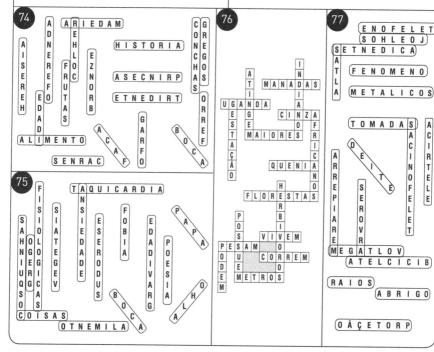

solução

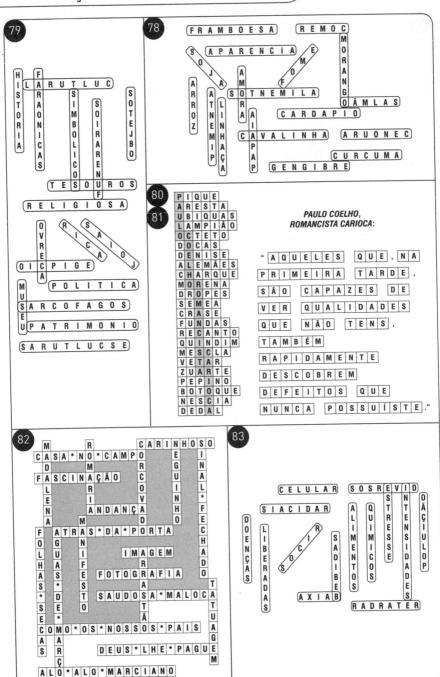

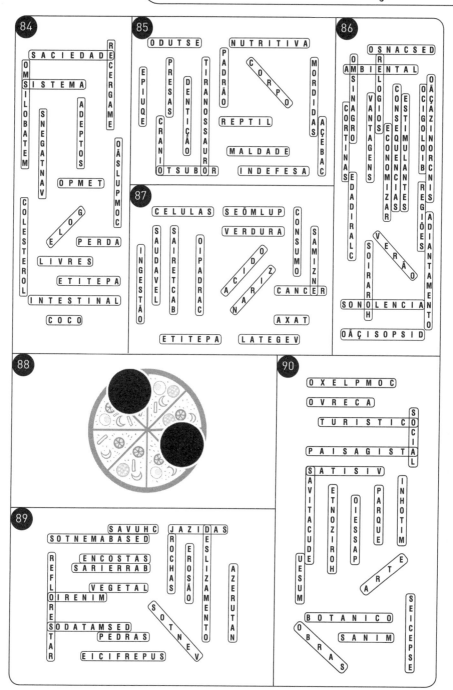

140 solução

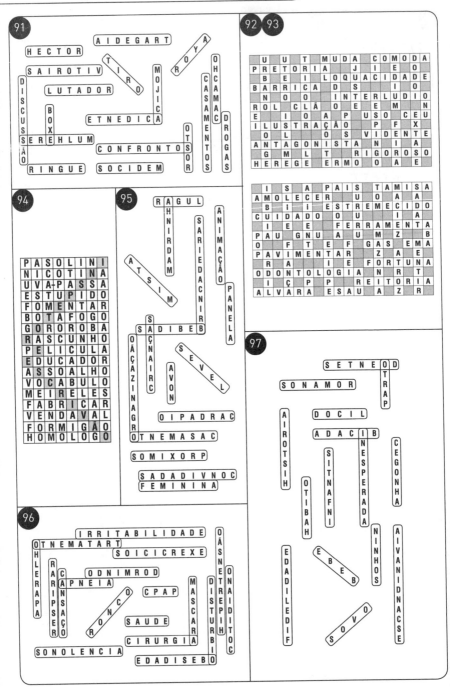

solução

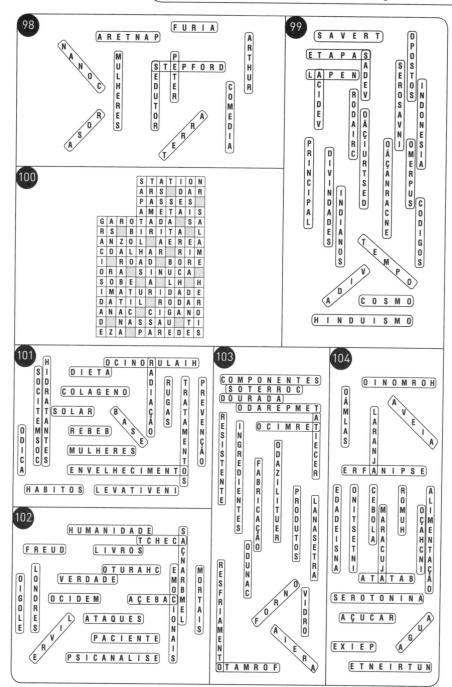

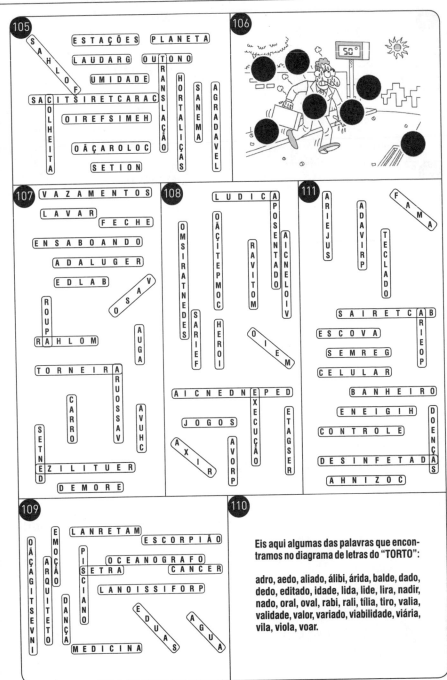

solução

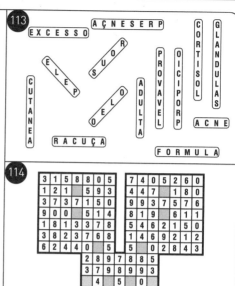
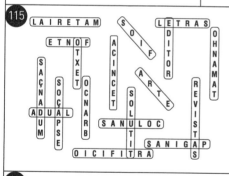
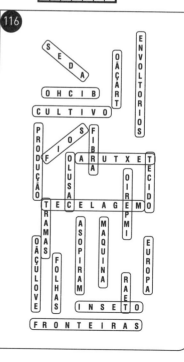
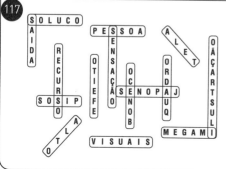

solução

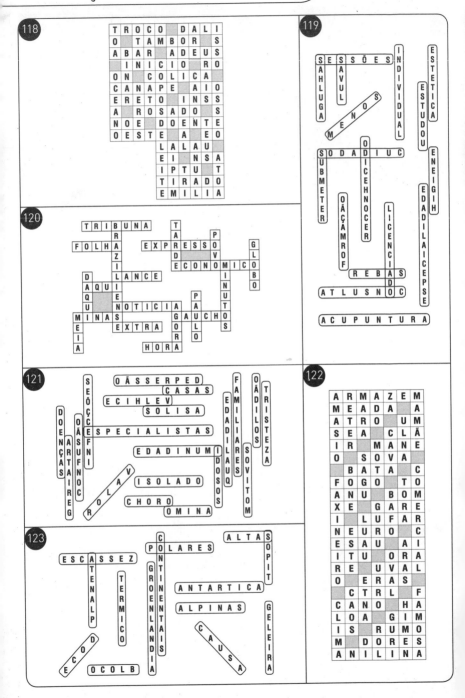